AF297012

NOTICE

SUR

S. Ex. J. É. M. PORTALIS,

MINISTRE DES CULTES, GRAND-AIGLE DE LA LÉGION D'HONNEUR ET MEMBRE DE L'INSTITUT.

Il rappela celui qui se fit un nom au Barreau d'Aix et dans l'Administration de la Provence, l'éloquent interprète de la sagesse au Conseil des Anciens... Il veut exhumer le droit des gens ; il lui confie le ministère public au Conseil des prises... Il veut doter l'Europe d'un Code immortel, comme sa gloire ; PORTALIS est Conseiller d'Etat ; veut-il combiner tous les devoirs de citoyen avec les vérités consolatrices, réunir les Français de toutes les opinions politiques et religieuses, PORTALIS est Ministre des Cultes. VIE inédite de NAPOLÉON-LE-GRAND, par *· *· *· *· _*·

A PARIS,

CHEZ *les Libraires*

Madame Veuve NYON, rue du Jardinet, N°. 1;
PETIT, Palais du Tribunat, N°. 257;
COCHERIS, Quai Voltaire, N°. 17;
GALIGNANI, rue Vivienne, N°. 17.

A Aix, CHEZ PONTHIER et MOURET.

De l'Imp. de P. LEROUGE, Cour du Commerce.

25 Octobre 1807.

NOTICE

SUR

S. Ex. J. É. M. PORTALIS,

MINISTRE DES CULTES.

L'ÊTRE privilégié qui, par de grands talens variés et utiles, de vastes connaissances, un travail opiniâtre, des services signalés, des dignités éminentes, des vertus plus éminentes encore, a honoré la Grande Nation, appartient à l'histoire, et l'histoire dira : *Portalis* fut Jurisconsulte profond, administrateur éclairé, orateur éloquent, véhément et sage au Barreau, aux États de Provence, au Conseil des Prises, à la tribune Législative, au Conseil d'État ; Ministre affable et habile, il prêta à la vigueur de son génie la prudence de son caractère ; sans violer les principes, il parut céder aux circonstances qu'il maîtrisait, déféra et commanda à l'opinion, sut la fronder pour être utile ; modèle de goût pour les littérateurs, de désintéressement pour les jurisconsultes, d'intégrité pour les magistrats, d'impartialité pour les Ministres, pour les nations, de dévouement à la Patrie et de fidélité au Souverain. Le Monarque jugea qu'il était temps de rattacher la chaîne qui unit le ciel à la terre, que les opinions religieuses, débarrassées des arguties de l'école et du fanatisme des partis, consolideraient l'autorité légitime; son Ministre sentit les avantages que l'État retirerait d'une égale protection solennellement accordée à tous les cultes, et pour le bonheur de chaque communion, en exigea strictement la salutaire, la religieuse, l'absolue soumission, due au suprême Dépositaire d'un pouvoir paternel, dont la charte originaire est le vœu libre d'un peuple reconnaissant, une épée et une tête qui ne faillirent jamais.

Des bouches éloquentes seront, dans nos Temples et dans les sociétés littéraires, les dignes interprètes de la douleur publique; déjà le Chef suprême de la justice (1), le pré-

______

(1) Après les discours de MM. *Delalande* et *Lejeas*, l'assemblée s'étant tenue dans la nef du temple, et le clergé retiré, S. Exc. M. REGNIER termina la cérémonie des obséques par un discours prononcé et écouté avec attendrissement : le privilége de la vertu est d'être loué par elle.

....ent d'un chapitre illustre (1) , un vénérable Pasteur (2) , un Administrateur esti-
mable (3) se sont fait entendre ; déjà, sous cette
voute , où tant de fois la sagesse , par son organe , manifesta ses oracles , un législateur (4),
qui partagea sa proscription et son amitié, a
esquissé un tableau digne du crayon et du modèle ; déjà le zélé coopérateur (5) , le témoin
heureux de la paix dans nos départemens de
l'Ouest, en provoquant le témoignage de la
douleur de tous ses collègues , a fait consacrer à des mânes chéris , un hommage par
le magistrat de l'infortune , le peintre (6) des
grands événemens.

Un discours d'appareil serait au-dessus de

(1) F. A. *Lejeas*, officier de la Légion d'Honneur,
vicaire-général de Paris.

(2) C. A. *Ramond-Delalande*, curé de S.-Thomas
d'Aquin.

(3) T. *Pein*, chef de la première division du ministère des cultes.

(4) M. *Dumolard*, membre du Corps-Législatif.

(5) M. *Philippe-Delville* , a demandé et obtenu que
l'expression des regrets du Corps-Législatif fût men-
tionnée au procès-verbal de la séance du 27 août, et qu'il
en fût adressé un extrait, par le président, à la famille
du Ministre.

(6) M. *Fontanes*, président du Corps-Législatif.

mes forces , et ne servirait que d'ombre à une riche galerie. J'ai sur le Ministre des données qui paraissent avoir été inconnues à ces personnages ; la supériorité de leurs talens ne peut imposer silence à ma gratitude. On ne peint les hommes que par leurs actions : *laudent in portis opera ejus* ; ce sont ces *faits* que je trace dans le recueillement de la douleur ; M. *Laujon*, son successeur à l'Institut ; M. *Bernardin-de-S.-Pierre* , président de cette société célèbre ; l'orateur qui prononcera l'oraison funèbre, les rehausseront par la pompe de l'expression. L'éloge funèbre, inutile à celui qui en est l'objet , est pour les survivans une imposante leçon ; je serai plus historien que panégyriste ; l'apologie de M. *Portalis* doit être grave comme le Ministère qu'il remplissait , vraie comme les décisions de la Loi dont il fut l'organe , simple comme celui dont la bonhomie rappelle l'inimitable *Lafontaine*. Puisse une vertueuse famille trouver dans cette *Notice* un adoucissement à sa juste douleur ! Je n'ai pas signé ; mon nom n'ajouterait rien à cette dette de cœur ; l'homme qui a du respect pour lui-même , loue difficilement les dispensateurs des graces. Étranger aux spéculations annoblies de l'ambition , j'ai besoin de pleurer sur la tombe de l'ami d'un oncle paternel qui me forma , et du Ministre qui daignait me dire : « Si M. *P......* de *S.-F...* ne m'eût pas devancé aujourd'hui (1), j'eusse , comme lui , payé publiquement un juste tribut à la mémoire d'un bon père ».

JEAN-ÉTIENNE-MARIE PORTALIS, *naquit au Beausset , (Var) , le* 1er. Avril 1746 ; d'excellentes études chez les Oratoriens de Marseille furent les avant-coureurs d'un début brillant au parlement de Provence ; les hommes supérieurs s'annoncent dès leur aurore ; la cour vit en lui le *justum et tenacem* d'*Horace* , le *vir probus et dicendi peritus* de *Ciceron* , le *virum constantem* de la Loi.

Dès sa jeunesse, ses livres furent ses meilleurs amis ; s'il traversa sans échec la zone torride, signalée par le naufrage de tant de jeunes têtes exaltées, il le dut à la passion qu'il se créa, à la soif d'apprendre.

Il dut encore à cette habitude de s'occuper, cet avantage qui ne supplée point au génie , mais sans lequel le génie n'est rien. *M. Théodore Pein* a dit : *son étonnante mémoire, dont chacun aurait un trait extraordinaire*

____

(1) *Le Citoyen Français ,* N°. 1478, du 20 frim. XII.

à citer, n'était plus admirée, parce que c'é-tait un phénomène de tous les jours. Je cé-derai cependant au plaisir de rapporter un fait qui est peut-être sans exemple.

Un jour de Pâques, M. *Reygnault-de-Bel-lecize*, père de l'Evêque de S.-Brieux, invite M. *Portalis* à dîner ; la société était nom-breuse et choisie. Un Homme de lettres (l'ex-Jésuite *Guyot*, depuis vicaire-géné-ral de Cambrai) qui avait prêché le Ca-rême, était un des convives ; au dessert, la livrée se retire ; un officier (1) dit à l'abbé : —*Tout Marseille a été enchanté de vos dis-cours....... Le dernier nous a cependant un peu refroidis; c'est un sermon du P. de la Neuville, et la preuve, c'est qu'il a valu le prix de mémoire à M. Portalis, qui n'a pas quatorze ans.*—

L'homme le plus modeste eût été piqué au vif : le jeune *Portalis* se lève :—*On ne retient, M. l'abbé, que les sermons qui portent le cachet des vôtres ; on veut vous ménager un triomphe. L'éloquent Jésuite n'a pas traité le même sujet ; je n'oublierai jamais ce que je suis prêt à rendre, mais avec moins d'ac-*

____

(1) M. *Vassault-de-Parfondru.*

tion.—Le discours fut récité avec l'exactitude sténographique (1).

Le début de M. *Portalis* au parlement de Provence, annonça, à vingt-deux ans, le rôle qu'il eût pu jouer, sans les entraves qui ne lui laissaient alors que le privilége de glaner après *Cochin*; les magistrats firent éclater leur admiration pour un jeune homme, dont le vol hardi, soudain et rapide, atteignit la sphère où s'étaient élevés graduellement ceux qu'il aimait à appeler ses *maîtres.* Sa modestie, dans l'âge où le génie est si rarement toléré, lui fit pardonner sa supériorité même par ces vieux rivaux.

Avec les années, on perd souvent le ressort qui fait la puissance de l'esprit; ce feu subtil s'use avec son enveloppe, et alors, l'éloquence sans passions, est un squelette; c'est dans la jeunesse qu'on sent fortement; le privilége exclusif de cet âge est de communiquer à l'auditeur les fortes impressions dont une ame neuve est seule susceptible. M. *Portalis* s'est soustrait à l'action du tems : nous l'avons vu à la veille de descendre dans la tombe, embraser ses discours du même feu dont ils brillè-

____

(1) La sténographie, portée à sa perfection par MM. *Lebreton* et L. P. R. *Barey*, n'était point encore inventée.

rent à l'entrée de sa vie ; mais ne franchissons pas l'intervalle qui s'est écoulé entre ces deux périodes extrêmes.

La vanité n'eût point vu de difficultés, après de si grands succès ; il répétait souvent avec d'*Aguesseau* : « Quels trésors de science, quelle variété d'érudition, quelle sagacité de discernement, quelle délicatesse de goût ne faudrait-il pas réunir pour exceller dans le Barreau ! Quiconque ose mettre des bornes à la science de l'avocat, n'a jamais conçu une parfaite idée de la vaste étendue de cette profession (1) ». M. *Portalis*, redoutant le danger contre lequel échoue la présomption, celui de perdre la renommée à laquelle on aspire par l'impatience de l'acquérir, sacrifia le présent à l'avenir. Il détermina la matière, l'objet et l'ordre de ses travaux. Chaque branche d'instruction eut ses heures fixées, par le célèbre *Ranfer*, avocat à Dijon « ; économe du tems qui fuit... il en régla l'emploi avec cette précision qui ne laisse perdre ni un point dans l'espace ni un instant dans la durée » (2).

L'obscurité volontaire à laquelle se condamna M. *Portalis* apprend à ceux qui se des-

(1) Des Causes de la décadence de l'éloquence.

(2) Eloge de *Target*, par le premier Président *Muraire*.

tinent au Barreau, que sans la culture qui prépare, on ne peut prétendre aux fruits que semblent annoncer les plus heureux talens.

M. *Portalis* disait que « *Target*, dans son ouvrage intitulé *la Censure*, avait fait le cathéchisme des avocats » ; il se plaisait à déclamer ce passage : « dans un corps de citoyens voués à des fonctions utiles et honorables, dans lequel il faut des lumières et de la probité, où le travail est payé par l'honneur et rapporte peu d'argent, où de laborieuses veilles et des études fatigantes ne peuvent être adoucies que par le sentiment intérieur d'une considération méritée...., dans un corps dont toutes les fonctions et tous les devoirs se composent de confiance, de délicatesse et d'honneur, où les relations les plus intimes, les communications les plus importantes, les confidences sans précaution n'ont d'autre garantie que la droiture...., dans un corps dont les lois sévères et jalouses interdisent à ses membres tant de choses permises aux autres citoyens, où tout ce qui blesse la délicatesse est un crime, où la loyauté et la franchise doivent être tellement naturalisées, qu'on puisse dire aux magistrats de chacun de ses membres : croyez un fait quand *Lenormand vous l'atteste*, et jugez sur sa foi comme si vous lisiez le titre.... ; dans un corps ainsi constitué, pourrait-il donc suffire de n'avoir encouru aucun blame ?... comme l'honneur ne se maintient que par l'honneur, la confédération que nous avons formée pour le triomphe de la vérité, ne peut se maintenir que par la police du corps sur ses membres. Si vous affaiblissez cette utile *censure*, bientôt le corps dégénéré ne sera pas plus pur que le siècle ; on ne craindra plus que la loi, et la belle chimère de l'honneur ne paraîtra que ridicule. »

Une *question d'Etat* est une cause dont les plus célèbres Jurisconsultes sont jaloux ; c'est l'écueil ordinaire des hommes même consommés. A son entrée dans la carrière, M. *Portalis* est conjuré de discuter les droits civils d'enfans nés d'un mariage entre Protestans. Un autre ne fût pas sorti du cercle étroit des droits particuliers, des intérêts isolés. « Le génie ne voit rien en petit ; il pose la question dans son universalité, et la traite sous les rapports politiques ; déjà il va se placer près des Jurisconsultes et des Publicistes. Le duc de *Nivernais* avait dit avec plus d'agrément que de raison : l'*Eloquence du Barreau* et celle du *mur mitoyen*. Le Jurisconsulte publiciste prouva qu'il était littérateur, et dès-lors ses rivaux mêmes lui assignèrent le degré dont il ne pouvait plus descendre ; des circonstances trop tardives ont prouvé quel espace immense ce torrent eût parcouru, si nos anciennes institutions ne lui eussent pas opposé une digue, rompue par un Prince, qui confie les dignités, « au mépris des préjugés de 93 qui avaient proscrit le mérite uni à une haute naissance, comme des préjugés antérieurs avaient repoussé le talent privé des recommandations d'un grand nom (1).

Celui que la Providence destinait à tenir l'équilibre entre le Catholique Romain, le Protestant et l'Israélite, proclamait la tolérance. Elle semblait alors une dangereuse innovation à la barre d'un Parlement frappé de l'ascendant d'un Archevêque, Académicien et Président-né des États. Gloire à l'infortuné qui accueillit les vœux de M. *Portalis* ; gloire à ce *Lamoignon-Malesherbes*, qui en

______

(1) Page 44 du Mémoire de ⋆ ⋆ ⋆ ⋆, pour *P. H. P.* de *Thémines*, défendeur en cassation, contre son épouse, demanderesse en nullité de mariage. (De l'Impr. de *P. Lerouge.*) M. *Portalis* prit un vif intérêt à une cause, qui était celle des mœurs ; il félicita la Cour qui, le 22 juillet dernier, a déclaré la célébration valable.

faisant rendre la loi de novembre 1787, qui assurait aux non-catholiques l'état civil , prépara cette législation qui laissant à chacun ses dogmes , pèse dans la même balance les hommes de toutes les croyances et n'exige que la soumission de citoyen , soumission dont les Religions Catholique , Protestante et Mosaïque , font un précepte souvent *oublié* , mais fondamental , basé sur ce principe , que *les cultes sont dans l'État, et non l'État dans un culte quelconque.*

Si nous n'avions pas une tradition non contestée , je rappellerais cette cause , dans laquelle il montra cet attachement stoïque à la justice qui ne cède à aucune considération ; l'autorité publique jeta un regard scrutateur et punit sévèrement celui que le silence eût enhardi dans ses désastreuses spéculations ; l'avocat élevé à la dignité de Ministre , offrit et prodigua son crédit aux enfans honnêtes et malheureux d'un père coupable. Il ne connoissait point l'odieuse politique qui confond l'innocence avec le crime ; elle était toujours pour lui l'innocence, et si la force publique fut instituée pour la protéger , l'avocat , en la défendant, se rapproche de la dignité de Magistrat.

Les Annales du Palais consacreront cette

cause dans laquelle il développa le droit de nation à nation. Il eut le privilége d'apprendre à des voisins jaloux que le Français dans les combats, fait respecter son pavillon et sa bannière, mais que dans le sanctuaire des lois, il est l'appui de son rival injustement persécuté ; que deux peuples sont deux personnes morales qui ont également, l'une envers l'autre, des droits à exercer et des devoirs à remplir ; que des nuages politiques peuvent s'élever ; mais qu'en vain un Français tenterait d'en profiter, sous le prétexte spécieux de représailles contre un, pour venger la masse ; qu'un Gouvernement loyal n'épouse point les querelles des individus ; que nos magistrats jugent, et que les avocats défendent les hommes et non les Nations auxquelles les justiciables s'honorent respectivement d'appartenir.

On n'a point oublié cette cause où la morgue d'un ignorant en crédit, tenta de ravir à la vertu et au talent sa double couronne ; M. *Portalis* pouvait-il n'être pas sublime ; il dut croire qu'il tonnait pour sa propre défense !

L'éloquence s'emparera de cette première partie du tableau ; la seconde qui tient plus intimement au sentiment, est peut-être davantage de son ressort ; *de ingenii dotibus fa-*

*cunde dicent non nulli in foro præpotentes ;
infimus ego ; sed memor , tot et tantâ quâ
præcelluit , virtutum copiâ laudatum hunc
volo* (1).

Il est une sévère intégrité, qui dit au jurisconsulte : pèse les causes qui te sont présen-
tées ; tu ne dois t'en charger qu'avec une cir-
conspection scrupuleuse ; tu remplis une magistrature dans le sanctuaire obscur de ton cabinet ; ta jurisdiction est secrète, intérieure,
indépendante, conciliatrice, officieuse et sou-
veraine. Qui, plus que M. *Portalis*, eût pu
accréditer des paradoxes ? il ne voulut persua-
der que ce qui lui était démontré ; et dès qu'un
doute affectait sa conscience, il s'entourait
de conseils ; doutait-il encore ? il s'abstenait
de prononcer. Heureux les magistrats qui n'ont
à lutter que contre les plaideurs !

Il unit le courage de la franchise au devoir des *bienséances* : « refusez à vos parties,
disait d'*Aguesseau*, refusez - vous à vous-
mêmes le plaisir inhumain d'une déclamation
injurieuse, et si quelquefois l'intérêt de votre
cause vous oblige d'articuler des reproches
amers, que la retenue avec laquelle vous les

(1) J. *Klenckii* , orat. funeb., auct. *Nicolao Cham-
pion-de-Cicé.*

proposerez , soit une preuve de leur vérité , et qu'il paraisse que la nécessité de votre devoir vous arrache avec peine ce que la modération de votre esprit souhaiterait de pouvoir dissimuler (1) ».

Ce qui caractérisait M. *Portalis*, c'était ce *coup-d'œil général* qui lui faisait saisir dans ses plaidoyers la théorie entière de l'ordre social , et investissait son modeste ministère d'une sorte de mission législative.

Que d'autres louent son *désintéressement* ; *J. J. Rousseau* a dit : « c'est dégrader la vertu , que montrer qu'elle n'est pas un crime. »

Il est moins heureux qu'on ne pense de débuter par un chef-d'œuvre ; le public sait peu gré de se soutenir ; reste-t-on au même degré , il oublie tout ce qui a commandé son admiration ; nous rampons à ses yeux , dès que nous cessons de planer. Suivons M. *Portalis* dans une carrière plus difficile.

Tous les genres de connaissances se tiennent ; les Etats de Provence envièrent aux justiciables des talens variés qui ne devaient pas être concentrés dans le Barreau ; ils nomment M. *Portalis* aux Etats ; il accepte, avec répu-

(1) De l'Indépendance de l'Avocat.

gnance ; l'Archevêque d'Aix , depuis Cardinal de *Boisgelin*, écrivait au Ministre : «Notre jeune Avocat prouvera qu'un esprit supérieur , secondé par une étude opiniâtre , n'est jamais au-dessous du poste que lui assigne le public....» A vingt-huit ans , il est assesseur des Etats et chargé de la correspondance officielle. Les Ministres sont frappés de cette netteté de discussion , de cette expression toujours juste , de cette succession de développemens, de cette analyse qui réduisait toutes les questions à un point et qui , d'une missive laconique , faisait un traité ; député par les Etats près la Cour , elle lui manifeste , par son accueil , le sentiment que lui avait inspiré une réputation prématurée.

Il ne la démentit pas dans le procès de madame *Riquetti-de-Mirabeau* contre son mari et dans les remontrances qu'il rédigea , au nom du Parlement de Provence , sur l'édit de mai 1788.

Je m'arrête à ce triomphe «où il eut à lutter contre un orateur impétueux , dont la vie privée déprima les talens politiques et dont le nom n'a plus aujourd'hui parmi nous qu'une mémoire sans regrets , un étonnement sans gloire. M. *Portalis* ne dénia point le talent de ce redoutable adversaire ; il était incontestable ; mais il l'éclipsa par la supériorité du sien qui sembla s'augmenter encore, dans cette circonstance, par l'indignation secrète qu'il éprouvait, en voyant le caducée de l'éloquence auquel il avait attaché sa gloire, souillé par l'immoralité d'un orateur d'ailleurs si distingué. » (1) Après cette rupture d'éclat entre M. *Portalis* et l'ainé des *Mirabeau*, celui-ci rendit un hommage à la vertu de son antagoniste, en allant le consulter sur une affaire, dont sa tranquillité dépendait. Cette anecdote m'a été communiquée par un étudiant en Droit (2) que ses talens, ses princi-

(1) Pag. 4 de l'Éloge de M. *Portalis*, par *M. C. Darbaud* de *Jouques*, sous-préfet, prononcé à l'hôtel-de-ville d'Aix. Un exemplaire de ce discours m'a été transmis par M. *Baffier*, premier président de la cour d'Appel d'Aix ; dans la lettre dont il a daigné accompagner cet envoi, il peint le vertueux Ministre et le magistrat éloquent et sensible qui s'est fait l'organe d'une cité reconnaissante. M. *Baffier* rend le même hommage à M. de *Fortis*, maire d'Aix, qui a payé un tribut à la mémoire de M. *Portalis*.

(2) J. *Juge*, né à Sarlate, le 31 novembre 1783.

pes ont rendu digne de la bienveillance de M. *Melchior Portalis.* (1)

Une qualité distinctive des Avocats, est d'étudier la langue, de la cultiver, de concourir à son maintien dans toute sa pureté ; plusieurs en ont augmenté les richesses ; cependant, depuis plus d'un siècle, aucun avocat n'avait été reçu à l'Académie Française, et si l'on ne pense qu'avec douleur qu'un motif d'étiquette en avait fermé l'entrée à *Laverdi*, à *Dandasne*, à *Normand*, à *Lemaître*, à *Cochin*, à *Gerbier*, à *Duranteau*, on se rappelle, avec gratitude, que M. *Portalis*, concurrent des *Maury* et *Dupaty*, applanit toutes les difficultés et se réunit à deux prélats (2) pour seconder le vœu général, en choisissant le panégyriste (3) de *S. Vincent de Paul.*

Alors « une épouse dont les grâces et les vertus embellissaient sa paisible carrière, et qui aujourd'hui... accuse le ciel et son âge qui

(1) Beau-frère et cousin du Ministre, ce personnage a fait une étude particulière de cette partie peu connue de la Législation qui, constitue le code des Diplomates et des Consuls.

(2) *J. A* de *Roquelaure,* Archevêque de Malines et le Cardinal de *Boisgelin,* mort Archevêque de Tours.

(3) Le Cardinal *Maury.*

la condamnent à lui survivre ; un fils , auquel il a laissé le fardeau de son nom... , compléttaient son bonheur. La félicité de cette compagne , l'avancement de ses frères qui suivaient les carrières de l'église, des armes et des lois, occupaient sa pensée. L'éducation de son fils était déjà le rêve de son imagination paternelle...

Les distinctions de naissance , de fortune , de grade , d'état qui existaient alors , s'étaient toutes applanies devant un mérite si éminent... Sortait-il... pour jouir des douceurs de la société ? cet illustre orateur , ce savant publiciste devenait le plus simple, le plus aimable des hommes. Magistrats , avocats , militaires, hommes de lettres , les oisifs mêmes, tous se disputaient sa douce gaîté , sa conversation pleine de candeur et de grâce , ses manières simples et cette naïveté de son ame qui s'alliait si bien avec la force de son génie , et semblait en augmenter l'éclat par un contraste piquant.

L'orage révolutionnaire s'éleva... Il le jugea irrésistible , et suivit le conseil de *Pythagore* : dans la tempête , il adora l'écho... Loin de lui l'accusation flétrissante d'une lâche neutralité dans les malheurs de la patrie... Il connut que ses talens seraient une barrière insuffisante contre un débordement universel... Il se tut avec les lois et disparut avec la justice... Convaincu que toute puissance destructive s'exerce contre elle-même, et qu'il n'y a de pouvoir solide que le pouvoir conservateur..., il rassemblait les matériaux d'un ouvrage sur le droit public, dans lequel eussent été réunis... les principaux systèmes de *Grotius* et de *Puffendorf*. Il voulait dégager le premier de citations qui étouffent le raisonnement, et rectifier dans le second l'obcurité des définitions, le vague des idées, et même beaucoup de principes hasardés (1). »

Il serait digne de M. *François Darbaud*, de gratifier la France de ce traité de la vraie philosophie, mûri pendant la retraite et l'exil de son illustre ami. A une ame pure et religieuse, il joignait les idées libérales ; *un peu de philosophie peut écarter de la Religion, beaucoup y ramène.* (2) M. *C.* de *Jouques* a écrit plusieurs chapitres de cet ouvrage sous la dictée de l'auteur : « en entendant, dit-il, sortir de cette bouche éloquente de sublimes idées..., en observant ces yeux sans regard, dont la

(1) *C.* de *Jouques. Ibid.*
(2) Le Chancelier *Bacon.*

cécité même semblait ajouter à la profondeur de la méditation, et donner à ces grandes pensées une teinte mystérieuse... l'admiration me rendit immobile. »

Déjà la multitude qui ne raisonna jamais, voulait mettre en œuvre les hardies conceptions de la Philosophie ; déjà s'élevaient ces orages... Ne réveillons point des haines qui doivent se confondre dans l'intérêt général ; jetons un voile épais sur des erreurs qui furent celles de tous les partis ; sujets heureux, repoussons les esprits inquiets qui ne rêvent que réaction ; qui se vengera de ses concitoyens lorsque le Souverain pardonne ? Disons cependant ce que le *Tacite* du siècle ne pourra taire.

M. *Portalis* est nommé au Conseil des Anciens ; il erre de retraite en retraite ; inébranlable dans ses principes, vierge dans sa conduite privée et publique, pur dans ses opinions, trop sage pour fronder, trop vertueux pour faiblir, celui qui ne s'occupe que des périls de l'État, rapproche les esprits aigris, et, dans un sublime oubli de lui-même, ne tente pas de détourner l'orage qui gronde sur sa tête.

Oublions l'époque fatale où M. *Portalis* eut

l'honneur d'être inscrit sur la liste des dé-
portés à Cayenne ; l'amitié est une seconde Providence ; elle lui ménage les moyens de se réfu-
gier sur une terre étrangère ; là, il dépose
dans l'ame d'un fils sensible tout ce que les
maux de la patrie lui font éprouver.

Bientôt, « accueilli avec respect.., les portes
des cités étrangères fermées par la défiance à
une multitude de Français fugitifs, s'ouvrent au
nom de *M. Portalis*. Les vœux des naufragés
de Calais qu'il a arrachés à un supplice injuste,
ceux des ministres de la Religion dont il a plaidé
les droits et adouci l'infortune, ceux des pères
et des époux auxquels il a rappelé la sainteté
de leurs nœuds et de leurs devoirs » (1) sont sa
sauvegarde. L'amitié l'appelle dans le Hols-
tein, « lui ouvre un noble asile, le rend au
commerce des Muses (2) » et prépare à un fils
chéri une épouse jeune, belle et vertueuse.

Dans une région inaccessible à nos regards,
une main invisible tient les rênes de tous les
Empires ; il était écrit dans les décrets éter-
nels que le grand Peuple devait être un peuple heureux ; que l'unité dans le Gouvernement devait succéder à l'oscillation des vues
étroites d'une poignée de factieux ; qu'après
les convulsions d'orateurs de tabagies, on de-

(1) *C. de Jouques*, pag. 8. (2) *Ibid.*

vait ouvrir une discussion froide et approfondie des lois adaptées à nos mœurs , à notre climat et à notre gloire; que l'anarchie seule ayant tout détruit, un seul Homme devait la détrôner et donner à toute la Nation le signal du réveil. Une seule tête peut tout diriger ; il fallait la trouver; il fallait un jeune vieillard, étranger à toutes les factions et dont le nom ne rappelât que des lauriers qui n'eussent point coûté de larmes à l'innocence.

NAPOLÉON paraît ; la prudence préside à toutes les opérations d'un Gouvernement restaurateur, dont M. *Portalis* est le representant au Conseil des Prises ; un publiciste estimé en rendant le compte suivant d'un ouvrage analysé dans le *Moniteur* du 29 novembre 1804 , donne la mesure des services qu'il y rendit : « on doit au fléau de la guerre le *Droit des gens*, qui, pour quelques peuples , n'est que le droit du plus fort. Chez les nations civilisées, la Législation maritime , les armemens en course et les prises , dérivèrent du droit des gens. Les peuples navigateurs sentirent la nécessité d'un *Code nautique*; le besoin de communication l'avait dicté aux Rhodiens avant leur chute. Ce Code réglait leurs relations commerciales , prévenait ou réprimait les attentats; il jugeait la légitimité de la défense , de l'attaque et de la conquête ;

sur ces règles, dont *Cicéron* loue la sagesse, fut basé le Code maritime Romain, appelé aujourd'hui le *Droit des gens de l'Europe*. De l'agrandissement de la puissance des Romains, et de leurs relations avec une multitude de peuples, naquit cette masse informe de statuts, de réglemens, de lois sur la navigation, recueillis sous le titre de *Consultat de la mer*.

Il était digne de la France de rectifier ces règlemens contradictoires, adaptés aux mœurs de peuples qui n'existent plus. Il y eut d'abord, pour la mer de Gascogne, une Législation particulière, qui devint un *Code maritime Universel*. Les *Jugemens d'Oléron* furent ainsi intitulés, parce qu'ils sont l'ouvrage des habitans d'une de nos Colonies, qui, pendant deux siècles, joua sur l'Océan le rôle qu'avait joué Carthage. Les Anglais ont vainement essayé de se les attribuer. L'Angleterre n'a jamais pu faire un Code nautique, adapté à sa situation politique, à ses mœurs; elle s'est contentée de compiler nos ouvrages et de les déguiser sous le titre de *Grande Charte marchande* ou de *Diplôme mercantile du Roi Édouard* Ier.

» Les *Jugemens* d'*Oléron* furent notre unique loi maritime jusqu'à *Louis XIV*. Ce Prince forma un Code propre à faire respecter son pavillon. L'ordonnance de 1689, réformée dans quelques points, par celles de 1765 et 1776, sera, ainsi que celle de 1681, un éternel monument de gloire pour son siècle. Cette ordonnance de 1681 fut presque généralement adoptée par les puissances maritimes. On a apporté des changemens à celle de 1681, relativement aux prises ; il ne s'agissait pas de la commenter, il fallait lui rendre sa dignité première, en l'adaptant aux circonstances ; et c'est ce qu'ont fait NAPOLÉON-LE-GRAND et M. *Portalis*, en publiant le *Réglement* du 22 Mai 1803.

» Parmi les écrivains qui ont traité ces matières, on remarque *Valin*, dont le commentaire sur l'ordonnance de 1681, est le seul qui puisse fixer l'attention, quoiqu'il soit tombé dans beaucoup d'écarts. *Emérigon* et *Pothier* ont écrit sur le même objet ; mais ils n'ont travaillé que sur des parties détachées...

» Le Code, en 2 vol. in-4°., publié en 1804 par *·*·*·*·*·, comprend, depuis 1400, toutes les lois et arrêtés du Gouvernement, et principalement les décisions les plus importantes des Conseils des prises, jusques et compris le 18 Octobre 1804 ; les décisions de celui de Paris ont toujours été conformes aux conclusions de M. *Portalis*. Dans son épitre dédicatoire à S. A. S. l'Archichancelier, l'auteur trace un tableau rapide de l'histoire des guerres maritimes, depuis *Louis XIV*, jusqu'à nos jours ; il fait valoir les services que rendent à l'Etat les Armateurs en course, qui ont toujours été favorisés et assujettis à des règles ; il indique les réglemens auxquels, depuis plus d'un siècle, la course a donné lieu ; il développe l'origine et les progrès de la Législation maritime...

» Un *Code des Prises* ne doit pas se borner aux rapports particuliers à la France. Les auteurs anciens et modernes, se sont renfermés dans ce cercle. Ce nouvel ouvrage, (1) auquel M. *Portalis* a coopéré avec tant de zèle, exécuté sur un plus vaste plan, présente le système général et l'analyse complette de tout ce que les peuples maritimes ont écrit sur cette matière, qu'il a fallu retremper et étendre, afin de l'exposer dans un glus grand jour. Plusieurs commentaires exigeaient des modifications, des additions et des correctifs essentiels ; celui-ci renferme toutes les pièces inédites qui forment le complément des ouvrages publiés.

(1) Chez Valade, Impr.-Libr., rue Coquillière, à Paris.

» L'auteur entre dans les plus grands détails sur la navigation des neutres. Il traite de l'essence de la déclaration des devoirs et des diverses espèces de neutralité ; du prétendu droit des gens sur la neutralité, des droits et du commerce des neutres. en général, de la collision et des droits entre neutres et belligérans, de la prise des marchandises ennemies, couvertes par un pavillon neutre, et de celle des marchandises neutres sur navire ennemi, de la propriété légitime des prises, du recouvrement et rachat des prises, de l'asile que peuvent exiger les belligérans dans les ports neutres, des pirates, de la Législation ancienne et moderne, et de l'origine de l'armement en course. Il indique quels sont et quels doivent être les non-partisans aux prises. Il paraît avoir du plaisir à déclarer que la plupart des matériaux de son ouvrage lui ont été fournis par M. *Portalis*, Ministre, M. le Conseiller d'état *Berlier*, Président du Conseil des prises, M. *Calmelet*, secrétaire du même conseil, et M. *Camus*, de l'Institut et Archiviste du Gouvernement. En apercevant cette masse de matériaux, M. *Portalis* regrette que l'auteur, forcé par la nature des objets d'adopter l'ordre chronologique, n'ait pu réunir les matières qui ont de l'analogie entre elles , et les classer par chapitres et par livres , ce qui eût jeté plus de clarté ; il y a remédié, en faisant précéder chaque pièce d'un N°, qui facilite le renvoi aux diverses autorités, et par deux tables, l'une chronologique , et l'autre analytique et raisonnée. Ces tables facilitent les recherches , et donnent au lecteur le moyen de trouver sur - le - champ les solutions. Presque tous les articles sont suivis de notes qui établissent la concordance entre toutes les pièces...» (1). S'il était difficile d'en coordonner 966 , qui toutes isolées, pouvaient laisser une latitude arbitraire aux juges dans une matiere délicate, il l'était plus encore de baser invariablement la Législation des Prises ; M. *Portalis* provoqua par ses savantesconclusions les décisions des *Berlier* , des *Lacoste*, des *Montigny-Montplaisir*, des *Laloi*, des *Tour-nachon* et des *Lecamus-de-Néville* ; les lumières de M. *Darbaud* facilitèrent ses recherches.

A l'époque où *Louis* XVI ordonna qu'on ornât la galerie du Louvre , des statues des hommes qui avaient le plus honoré la patrie,

______

(1) N°. 121 du Journal du Commerce , du 21 janvier 1805, rue Neuve-Grange-Batelière, n°. 3 , à Paris.

M. *Portalis* demanda que l'Académie Française consacrât dans un éloge public, la gloire de ceux dont le marbre allait perpétuer le souvenir. Il fit naître une idée, dont l'impolitique convocation des notables empêcha l'exécution. Il traça les portraits d'*Achille* de *Harlay*, de *Fénélon* et de *Turgot*; son manuscrit fut confié à l'abbé *Melon* de *Pradou*, qui l'a lu, en ma présence, au *Cercle des étrangers*, hôtel de *Marigny*. M. *Portalis* n'a jamais publié ces trois ouvrages; il est probable qu'ils sont perdus pour la postérité; ils contenaient des vérités que tous les événemens nés et à naître, n'ont pu et ne pourront changer, et qu'un homme moins courageux eût redouté de confier au papier; il serait difficile de rappeler sa pensée sur ces trois personnages; tenter de suppléer à l'hommage qu'il sut leur rendre, ne sera peut-être pas un épisode déplacé. —

I. A sa fermeté héroïque, on croirait *Harlay* Romain; il naquit (8 mars 1536) à Paris, au sein d'une peste épidémique, dans le berceau de la ligue, et lorsque le fanatisme, cet enfant dénaturé de la Religion et reprouvé par elle, déchirait le sein qu'il feignait de caresser. Peu d'hommes s'élèvent au-dessus des mœurs du tems; la grande majorité est formée par son siècle. Supérieur à ses contemporains, le gendre de *Christophe* de *Thou* fut étranger à leurs crimes, à leurs vices, à leurs préjugés. Alors, la Religion qui condamne tous les excès, servait de masque à la vengeance, à l'ambition ; entouré de bourreaux et de victimes, *Harlay* ne capitula jamais avec ses devoirs.

Lorsque le duc de *Guise*, qui avait forcé *Henri*, qu'il ne put arrêter, à se sauver de ses Etats, visita *Harlay*, à la tête des factieux, le moderne *Caton* leur dit : *Mon ame est à Dieu, mon cœur au Roi ; j'abandonne mon corps aux scélérats.* Sénateurs qui attendiez *Brennus* et la mort, aviez-vous plus de fierté ?

Tant de caractère n'en imposa pas à *Bussi*, gouverneur de la Bastille, ex-tireur d'armes et ex-procureur ; il entre dans la grand'chambre, suivi de cinquante satellites, arrête *Harlay* et soixante membres de sa compagnie, les conduit en robes dans les prisons, où ils ne trouvent que du pain et de l'eau. Son audace ne lui valut que le titre de *pénitencier du parlement ;* dans les tems orageux, la nation s'est toujours vengée par des bons mots ; on lit encore les *Actes des Apôtres.*

Harlay, fut cependant obligé de donner au Prince une preuve apparente d'infidélité. Le curé de S.-Gervais préchait dans l'église de S.-Barthélemy ; quelle fut la surprise de *Harlay*, lorsque ce ministre de paix exigea de tous les auditeurs le serment de tout sacrifier, même leur sang, pour venger la mort des *Guises* ! *Harlay* gémissait en silence. Le séditieux l'apostrophe :—*M. le président, levez la main bien haut, afin que tout le monde la voie.*—Il la leva : sa mort n'eût été qu'un forfait de plus.

Enfin *Henri* parut, et ce fut pour *Harlay*, le beau soir d'un jour orageux. Il eut le tems de faire du bien, avant de quitter le fardeau de la vie. Il médita le projet, lorsque tous les moyens de paix seraient épuisés, de créer en France un patriarche. Grâce à *Henri* IV, la raison, la paix, la Religion et la tolérance, comme sous Napoléon, firent un pacte qui déconcerta les factieux.

Si le roi et le pape étaient d'accord, les fanatiques ne l'étaient pas. *Catherine*, sœur de *Henri*, tenait un prêche ; trente dévotes excitées par un confesseur, marchent en tumulte dans les rues, demandent justice de ce prétendu *attentat*. Armées de crucifix et de chapelets, elles font des stations aux portes des églises, ameutent le peuple et somment

3

Harlay de remplir ses devoirs.—« *Je les remplirai ; envoyez-moi vos maris ; je leur ordonnerai de vous faire enfermer.* »—Que ne s'occupaient-elles de leurs enfans ?

Harlay n'était pas riche. Le roi lui donna un terrain. Quelque tems après, on lui présente un édit à signer ; il le croit injuste : pour réponse , il renvoie le brevet de cette concession ; le roi le refusa. M. *Portalis* disait : «*Harlay* a vécu 80 ans ; sa vie devrait être en lettres d'or dans tous nos prétoires ; la plus longue carrière ne sert qu'aux contemporains, si on n'en perpétue pas le souvenir ».

II. La France n'oubliera jamais M. *Turgot*, quoiqu'elle ait à lui reprocher d'avoir fait naître une foule d'économistes gonflés d'orgueil et de projets vagues ; soyons justes au moins avec les morts, et rappelons ce qu'il fit pour le Limousin, et pour l'Etat. La notice de M. *Portalis* était moins relative au contrôleur-général , qu'aux intrigans qui ont défiguré ses idées. M. *Portalis* croyait que « la satyre décèle un mauvais cœur , mais que ne pas signaler les ambitieux qui rompent le cercle dans lequel leur nullité doit les renfermer est un crime ». A la tête de ces hommes inquiets , était un petit-maître , qui n'eût été que ridicule, si, par des manœuvres sourdes, il n'eût pas porté au Ministère un banquier qui fit le destin de la France. Tout superficiel qu'était *Pezay*, il appréciait à sa juste valeur, l'Idole de 89. *Pezay* et *Necker* en faveur, ne devaient jamais s'aborder sans rire. *Necker* dut l'enthousiasme de la multitude aux sacrifices prodigués au protégé de M. de *Maurepas*, dont «toute l'ambition se bornait à faire marcher les rouages jusqu'a la fin de sa carrière.» M. *Portalis* avait étudié *Pezay*; il l'avait placé en parallèle avec le Cardinal *Dubois* et l'Abbé *Terrey*; c'était le mettre en assez mauvaise compagnie. A quels fils imperceptibles tiennent les Empires, lorsque des Monarques insoucians en confient les rênes à l'ignorance, qui se produit et écarte le mérite qui serait tenté de dévoiler son impéritie et ses malversations !

Un soir, *Dorat*, rentrant tard, trouva *Pezay* travaillant à des matières d'administration.—Es-tu fou, dit *Dorat*, prends ton violon, fais un couplet, et laisse tout ce fatras.—Mon ami, je veux être lieutenant-général et ministre à quarante ans, je n'ai pas de tems à perdre.—

Pezay était en bon chemin, grâce aux intrigues de Mme. de *Cassini*; il y fût arrivé, s'il avait eu plus de tête et moins de vanité.

Pezay s'était attaché au comte de *Maille-bois*, dont il recueillit les mémoires, sous le titre de *Campagnes de Maillebois*. A l'avènement de *Louis* XVI au trône, il végétait dans la misère ; il adressa au Roi des mémoires sur les moyens de soulager le peuple, et parvint à fixer son attention, au point de le déterminer à renvoyer *Terrey*.

M. de *Maurepas*, instruit de cette correspondance, accueillit *Pezay*. Le ministre *Sartine* le consulta. *Pezay* composait de petits vers. A titre de bel esprit, il était admis chez M. *Necker*, qui mendiait un parti parmi les gens de lettres, dont il connaissait la domination dans la société. Mme. *Necker*, espèce d'érudite, qui avait eu besoin de s'instruire pour subsister, avait fait de sa maison une douane d'esprit : elle y dissertait pesamment ; si elle n'avait ni grâce, ni légèreté, elle savait attirer à son mari des partisans, par ses empressemens, ses louanges exagérées et de petits services rendus à propos. *Pezay* fit confidence à M. *Necker* de sa correspondance avec le Roi, et dès ce moment la caisse du banquier lui fut ouverte.

Le comte de *S.-Germain* se discréditait. *Pezay* imagine de faire le prince de *S.-Mau-*

ris-Montbarrey , directeur de la guerre, afin de familiariser le public avec son élévation à la place de secrétaire d'Etat du même département. Occupé de ce projet, il ne perd point de vue M. *Necker* qui, fondant sur lui l'espoir de sa fortune ministérielle, lui prodiguait les plus *solides* marques de reconnaissance.

M. *Necker*, *à portée* de se procurer des renseignemens sur les finances, compose des mémoires qui séduisent le Prince et son premier ministre. *Pezay* se charge de les faire parvenir au Roi , avec des lettres particulières dans lesquelles il exaltait *Necker.*

Le premier ministre , ami des idées nouvelles, inquiet du crédit de M. *Turgot,* saisit avec empressement cette occasion de s'assurer en secret d'un homme éclairé dans les finances, pour opposer ses idées à celles de M. *Turgot.* *Necker* s'applique à critiquer secrètement les opérations de *Turgot* , et à le discréditer dans le public. De son côté, *Pezay* présente sans cesse *Necker* comme un génie transcendant : la table, l'esprit, le savoir , la caisse du banquier , étaient à ses ordres; et Mme. *Necker* s'efforcait de rendre l'union plus intime.

Le superbe *Necker*, enveloppé d'une redingote , est venu plus d'une fois attendre chez *Pezay*, au fond de la remise d'un cabriolet , le moment où celui-ci devait revenir de Versailles. Quand on songe que le même individu a si souvent imprimé ces mots : *Un homme de mon caractère*, on croit voir *Tartufe* tapi sous la table d'*Elmire*.

Pezay suivant avec constance ses projets, fait, dans moins d'une année , nommer *Necker* ministre des finances et M. de *Montbarrey* secrétaire d'Etat de la guerre. Il régnait dans ces deux départemens , mais son crédit était un ridicule. Il fut enivré de sa faveur et ses indiscrétions lassèrent M. de *Maurepas*. On avait créé pour lui un emploi d'inspecteur-général des côtes avec un traitement annuel de 6o,ooo. *francs*. La perspective d'une disgrace prochaine lui causa une violente inquiétude ; il mourut presque subitement , laissant une veuve, jeune et intéressante, à laquelle on accorda 8,000 liv. de pension.

Sully, *Colbert*, *Turgot*, *Gaudin* ! les *Pezay* n'ont point déterminé votre élévation ; aujourd'hui les de *Guerres* ne recommandent pas même leurs plans ; leur modestie laisse à la sagesse du Prince l'honneur de désigner ceux qui ont le fardeau de la mise en œuvre de leurs utiles conceptions.

— Celui qui devait être un jour placé entre le Trône et l'Autel, connaissait la ligne de démarcation entre l'autorité qui *prescrit et fait exécuter* et l'autorité de *persuasion*, étrangère à la confection des lois et dont le seul but doit être de les faire aimer et respecter. M. *Portalis* écrivait, le 5 juin 1788, à M. de *Bellecise*, évêque de S.-Brieux : « La vocation forcée de quelques prélats, a donné de justes regrets à l'Église... Le Cardinal de *Richelieu*, grand Roi sous un Monarque faible, n'excuse point la faute des Gouvernemens qui arrachent les lévites à leur obscurité volontaire, pour les immiscer dans les affaires temporelles ; que nos Pontifes ne règnent que dans le sanctuaire ; leurs exemples alors, plus que leurs discours, grefferont des hommes sur les d'*Orthe* (1). *Hennuyer*, (2) ne fut-il pas assez grand ? il ne voulut être qu'évêque ». —

(1) L'ordre du massacre des calvinistes, envoyé dans tout le royaume, s'exécuta en plusieurs endroits avec le même vandalisme. On bénit les noms des commandans de province qui se permirent une sainte infraction. *Pierre d'Orthe* écrivit de Bayonne : *J'ai communiqué le commandement de V. M. à ses fidèles habitans et gens de guerre de la garnison ; je n'y ai trouvé que de bons citoyens et fermes soldats ; mais pas un bourreau... Eux et moi supplions V. M. d'employer en choses possibles, quelque hazardeuses qu'elles soient, nos bras et nos vies.* Monument précieux pour l'humanité !

(2) L'évêque de Lisieux, *Jean Hennuyer* s'immorta-

Habile à réunir, puissant à maintenir, sage modérateur ; justifiant le choix du Prince, l'espérance du peuple ; l'attente des ministres de toutes les croyances, son autorité fut paternelle. Mon faible crayon a esquissé son mausolée ; dans le lointain d'une île retirée, je le peins, couronné par l'éloquence, appuyé sur la vertu et embrassant l'image de *Fénélon* (1).—

lisa dans la même occasion. Le lieutenant du roi lui communique l'ordre qu'il avait reçu de massacrer tous les Protestans : *Vous ne l'exécuterez point*, lui dit le prélat ; *ceux que vous voulez égorger, sont mes brebis ; elles sont, il est vrai, égarées, mais je travaille à les faire rentrer dans la bergerie. Je ne vois pas dans l'Evangile, que le pasteur doive laisser répandre le sang de ses brebis : j'y lis qu'il doit verser le sien pour elles.* Cette réponse, digne des *Hercé* et des *Maury*, changea tellement les calvinistes de son diocèze, que presque tous abjurèrent.

(1)—III. Il eut le privilége de réunir les plus heureux dons du génie aux sentimens de l'ame la plus élevée. N'eût-il fait que le *Télémaque*, les premiers rangs de la gloire lui seraient assurés. Il ajouta à l'éclat des grands talens le mérite des plus hautes vertus ; c'est plus qu'il n'en faut pour consacrer son nom à l'amour, au respect. Avant lui, notre nation était réduite à admirer chez les Anciens ou les Etrangers, les beautés du Poëme épique ; il parut, et nous lui dûmes un chef-d'œuvre capable de balancer la gloire de ceux qui l'avaient précédé.

Lorsque cet Homme extraordinaire, qui jura
de réparer tous nos maux, voulut donner des

C'est une idée sublime et neuve, que celle d'avoir
caché *Minerve* sous la forme de *Mentor*; par-là, tout devient possible à son héros, le naturel et la vraisemblance
sont toujours d'accord avec le merveilleux : tout se fait
par des secours divins, et tout paraît opéré par des forces
humaines. En cachant à *Télémaque* l'assistance d'une
Divinité, il ne dérobe rien à sa gloire ; la vertu du jeune
Grec en est plus vigilante, plus ferme ; ses triomphes
plus solides, ses dangers plus intéressans, ses succès plus
flatteurs.

Cet Ouvrage le perdit à la Cour : on y vit une
critique du gouvernement. *Sésostris* qui triomphait
avec faste, *Idoménée*, dont la hauteur révoltait ses
voisins, qui établissait le luxe dans Salente et oubliait
le nécessaire, parurent des portraits de *Louis XIV*.
On reconnut *Louvois* dans *Protésilas*, vain, impérieux,
ennemi des grands capitaines qui servaient l'Etat et non
le ministre.

On le retrouve dans les *Dialogues des Morts*,
dans ceux *sur l'Eloquence*, dans la *Lettre sur l'E-
loquence et la Poésie*, et dans son *Traité sur l'Education des Filles*. Ces Ouvrages sont pleins de candeur,
de goût et de finesse, quoiqu'inférieurs à celui qui rame-
na les rois aux arts utiles, au commerce, à l'agriculture.
Il y réunit à l'imagination d'*Homère*, la sagesse de
Confucius.—

Personne plus que *Fénélon* ne fut doué de cette bonté,
qui captive les esprits et les cœurs. Un curé se félici-
tait, en sa présence, d'avoir aboli les danses des pay-

lois uniformes à une Nation qui n'en connaissait plus et lui rendre une Religion qu'elle semblait avoir abjurée ; il appelle dans ses conseils

sans les dimanches et fêtes. *Ne dansons point*, lui dit le prélat , *mais permettons-leur de danser : pourquoi les empêcher d'oublier un moment combien ils sont malheureux ?* Dans ses visites diocésaines , il se promenait seul et à pied ; il entrait dans les cabanes des paysans , s'asseyait, les soulageait et les consolait.

Lorsque *Malborough* désolait la Flandre , en épargnant les terres de *Fénélon* , comme le destructeur de Thèbes respecta la maison de *Pindare*, son palais fut l'asile des villageois que la guerre obligeait de fuir ; il les nourrissait, lui-même les servait à table. Il vit un jour un paysan qui ne mangeait pas ; il lui en demanda la raison. — *Je n'ai point eu le tems , en me sauvant d'emmener une vache qui soutenait toute ma famille ; les ennemis me l'auront enlevée ; je n'en trouverai jamais une si bonne.* — *Fénélon*, à la faveur de son sauf-conduit, part, trouve la vache et la ramène.

Pendant la guerre de 1701, un jeune prince de l'armée des alliés, séjourna à Cambrai : *Fénélon* lui dit : *ne forcez personne à changer de religion , nulle puissance humaine n'a droit sur la liberté du cœur : la violence ne persuade pas , elle ne fait que des hypocrites.* Long-tems après sa mort, les vieillards parlaient de lui. *Voilà*, disaient-ils, *la chaise de bois où notre bon archevêque s'asseyait au milieu de nous. Nous ne le verrons plus !* Et il répandaient des larmes. Tel fut le Prélat, dont M. *Portalis* méditait les écrits et pratiquait les principes.

un esprit sage dans ses vues, vaste dans ses connaissances, lumineux et profond dans la discussion des matières les plus abstraites.

L'Empereur, veut replacer la morale sur ses antiques fondemens, et combiner la liberté des Religions avec la tolérance, seul garant de la paix intérieure et extérieure, M. *Portalis* est Ministre des Cultes.

Vous tous, qui dans la sincérité de vos cœurs honorez Dieu par divers rites, dites si ont unit jamais plus éminemment une obligeance vraie, une sagesse toujours prévoyante, toujours conciliante, des sentimens plus religieux, un respect plus filial pour le Prince. Dans sa vie privée et publique, il fut le même. Proscrit, il triompha des revers ; au faîte des honneurs, sa bonhomie le garantit de leur ivresse.

Antérieurement à sa nomination au conseil des anciens, il s'ensevelit dans la retraite, non par *crainte* (les vertus sont sœurs), non pour y jouir de l'oisiveté, incompatible avec un esprit actif, mais pour se fortifier par la méditation sur les événemens dont son génie voyait les suites. On taxe d'ambition ceux qui ont la force de se charger de l'honorable joug des fonctions publiques ; je n'oublierai jamais ce que M. *Portalis* dit au cercle de S. A. S. l'Archi-chancelier, en apprenant la rentrée de M. *Fouché* au ministère : — « *Bien pour l'Etat, mal pour lui ; le bonheur consiste à vivre loin des honneurs et à continuer de les mériter.* »—

— I. L'hommage le plus agréable à la Divinité est la justice rendue à *tous*. C'est d'après ce principe sacré, que NAPOLÉON considère comme enfans de la même famille des sujets fidèles, professant différentes religions. Les natins civilisées méconnurent trop long-tems cet axiome. Elles voyaient dans leur sein, depuis plusieurs siècles, les restes dispersés d'un peuple antique et célèbre, concentrés en eux-mêmes ; déshérités de tous les avantages de la société ; privés de la faculté de donner à leur émulation, à leur active industrie, aucun but honorable ; en butte à des préventions que désavouaient la politique et l'humanité ; régis enfin par des réglemens et des lois qui, en perpétuant leur isolement, leur laissaient des habitudes que l'oppression seule avait formées, et qu'on feignit de croire dérivées de leur croyance et de leurs-dogmes.

Ce fut une vue aussi profonde que philantrophique, que celle qui se proposa de ramener dans le cercle social, des hommes, qui n'en étaient écartés que par des préjugés surannés, et qui ne s'en voyaient exclus qu'à regret. Ce sentiment, qui dominait chez un grand nombre d'entr'eux, annonçait qu'ils étaient moralement préparés aux bienfaits de la loi qui les rétablirait dans les droits de citoyens.

Un grand intérêt s'attache à leur destinée, parce qu'elle présente un phénomène unique dans les annales de l'espèce humaine. Si on contemple ces débris animés de l'un des plus anciens peuples de la terre, on se demande, avec surprise, par quel concours de circonstances, leur code religieux à la main, ils ont pu traverser l'immensité des tems, échapper aux naufrages de tant de révolutions, et parvenir jusqu'à nos jours, tandis qu'il ne reste aucun vestige des puissans Empires qu'ils avoient vu naître.

Mais l'étonnement augmente, quand on considère, que de tous les peuples, il n'en est pas un seul qui ait été l'objet d'un déchaînement si universel et si peu mérité. Il a vu toutes les puissances acharnées à sa perte, et il a survécu à toutes. Depuis deux mille ans, la fortune ne s'est point lassée de leur être contraire ; je ne sais ce qui m'étonne le plus, ou de la constance de leur malheur, ou de leur constance à le supporter.

A plusieurs époques, des Princes entreprirent de réparer l'injustice des hommes; mais soit qu'ils aient rencontré dans les préventions religieuses de leurs sujets des obstacles qu'ils n'osèrent combattre, soit qu'ils n'aient pas conçu avec assez de force ni de grandeur les moyens d'en triompher, tout ce qu'ils firent, se borna à quelques adoucissemens momentanés, qui n'arrêtèrent point les progrès d'un chancre politique et religieux, qu'une main forte et habile pouvait seule couper au vif.

Parmi les moyens qui se présentaient pour rectifier l'opinion sur les Juifs et opérer sur eux-mêmes une réformation salutaire, il en était un, hardi, mais sûr, propre à faire renoncer au projet de les fondre socialement avec les Français, ou à rendre cette entreprise facile et certaine dans ses résultats; c'était la CONVOCATION D'UNE ASSEMBLÉE de ce qu'il y avait parmi eux de plus *notable* et en France et en Italie. Il fallait que ces députés fussent connus par leur probité et un entier dévouement à la patrie et au Souverain (1); il fallait les interroger pour con-

____

(1) Le sénateur *Rœderer* a parlé, avec regret, des manuscrits dont M. de *Malesherbes* était possesseur et

naître enfin par quelle fatalité, depuis tant de siècles, leurs co-religionnaires formaient un peuple à part.

Cette convocation est ordonnée, et la capitale du premier des Empires chrétiens voit, pour la première fois, dans ses murs, une assemblée des enfans de *Moïse*, sous la protection du plus grand des Souverains; elle délibère librement sur les rapports d'harmonie qui existent entre leur religion et les lois civiles et politiques de l'État, dont elle fait partie.

Exemple rare et sublime d'une tolérance, entr'autres d'un Mémoire sur les Juifs. Cet immense ouvrage, rempli de recherches curieuses et écrit avec autant de profondeur que de goût, fut rédigé par MM. *A. Furtado* et *Lopes-Dubec*, appelés à Paris, en 1787, pour fournir au gouvernement des renseignemens sur la réforme qu'il projetait à l'égard des Juifs français. Dans cette « réunion d'hommes éclairés, choisis en 1806, parmi les des cendans du plus ancien peuple de la terre (A) »; dans ces « restes épars d'une nation aussi célèbre par son abaissement, qu'aucun peuple ne le fut jamais par sa grandeur (B) »; on distingua M. *A.* FURTADO, *Président,* MM. Rodrigues, fils *A.* Formiggini, Andrade, Segre, D. Zinsheimer et Abraham Cologna.

(A) Disc. de M. MOLÉ, Maître des Requêtes, séance du Grand-Sanhédrin, du 18 septembre 1806, pag. 76.

(B) Ibid., pag. 77.

qui avait sa source dans l'amour éclairé de l'humanité , et dans le dessein magnanime d'arracher des hommes irréprochables, intelligens , laborieux et sobres , à l'anathème religieux et civil sous lequel ils vivaient encore.

Telle fut la première base de la grande restauration projetée. L'accord entre la morale, les dogmes et toutes les institutions religieuses de *Moïse*, avec les lois du *Code Napoléon* , fut établi et consacré. Jusque-là , les dispositions arrêtées , étaient purement civiles ; il fallait les révêtir d'une sanction religieuse. Le Grand-Sanhédrin fut convoqué : il adopta tous les principes de l'assemblée des laïques qui l'avait précédé, et convertit ses réponses en décisions doctrinales.

C'était par l'abus que des Rabbins ignorans et superstitieux avaient fait de la crédulité du vulgaire, que la loi de *Moïse* avait dégénéré dans la pratique ; c'était par des Rabbins plus doctes et plus judicieux, qu'il importait de ramener cette pratique à son antique pureté ; ce fut sans doute ce qui détermina la convocation de cette assemblée religieuse , dont l'origine se perd dans la nuit des tems.

Une circonstance que l'histoire ne manquera pas de recueillir , parce qu'elle caractérise l'activité prodigieuse du génie qui veille aux destinées de la France, c'est qu'au moment où la campagne la plus mémorable balançait le sort de l'Europe, du milieu de l'embarras des camps, du sein du tumulte des armes, les moindres détails de l'administration intérieure, comme ce qui concernait l'affaire des Israélites, étaient des objets sans cesse présens à l'esprit du Chef de l'Etat, et qu'à cinq cents lieues de distance, il veillait au sein de l'Empire, comme s'il eût résidé dans sa capitale.

Quoique M. *Portalis* n'exerçât pas une influence immédiate sur cette régénération; que la conception première, ainsi que la direction, appartinssent tout entières au Prince, il applaudissait avec tout ce que l'Europe renferme d'hommes éclairés, à la profondeur des vues qui faisait disparaître à jamais l'idée que les Israélites français fussent une nation dans la nation.

L'accueil flatteur que trouvèrent près de M. *Portalis* les membres distingués de l'assemblée, et du Grand-Sanhédrin; la bienveillance qu'il leur montra constamment; la vénération qu'ils avaient pour sa personne; les regrets qu'ils donnent encore à sa perte, annoncent assez combien son cœur était pénétré de ces grands principes de tolérance, qui, sans rien ôter à l'unité du lien politique, laissent chacun adorer l'Éternel, selon sa conscience et sa foi.

M. *Portalis* voyait dans l'amélioration des Israélites de France et d'Italie, une de ces innovations heureuses et fécondes qui portent leur influence dans une grande étendue de lieux et de temps, et qui finissent par être des bienfaits signalés pour l'humanité entière. S'il ne coopéra pas immédiatement, comme Ministre, à l'exécution du système admirable conçu par le Souverain, son fils en reçut l'honorable mission de son commissaire près des assemblées civile et religieuse des Israélites, et s'acquitta dignement des devoirs importans qui lui furent confiés.—

—II. Pour juger les services que M. *Portalis* rendit aux *églises réformées et protestantes de l'Empire*, il faut méditer l'excellente *Notice historique* sur la situation civile, politique et religieuse des Réformés en France, depuis l'édit de 1787, par M. *Rabaut le jeune*, ex-législateur et membre de la Légion d'honneur. En publiant l'organisation de toutes les églises réformées et protestantes, d'après la loi du 28 germinal X, les lois et décrets rendus en leur faveur, depuis 1787 et leur discipline, il paie un juste tribut à l'EMPEREUR et à M. *Portalis*. Après environ trois siècles de persécutions, la Providence a suscité celui qui devait baser sur les lois la liberté des consciences et des cultes. NAPOLÉON a fait ce qu'*Henri IV* n'avait pu exécuter. *Louis XIV* proscrivit tous ceux qui n'étaient pas de sa religion ; un jeune Monarque suit celle de ses pères, mais les tolère toutes. Tous ces actes de justice furent consacrés par l'opinion publique et par le discours de M. *Portalis*; ces autorités prouvent les progrès des lumières et la destruction des préjugés qui n'ont que trop long-temps armé des Français contre des Français.

Ce n'est plus dans les *déserts* que les Protestans rendent l'hommage dû au Créateur; leurs temples leur sont rendus, leurs pasteurs sont proclamés fonctionnaires publics et salariés par le Gouvernement; tous sont appelés aux fonctions publiques, leurs propriétés sont protégées et le droit de transmission d'héritages leur est garanti.

La reconnaissance est le besoin de la vertu qui souffrit long-temps; les Protestans ont exprimé leur gratitude pour M. *Portalis*; ils professent, sous leur auguste Bienfaiteur, les principes que leurs pères proscrits eurent le courage de professer, obéissance au Gouvernement monarchique, et repoussent ainsi le reproche vague d'être *républicains par principes.*

La preuve de la ferme volonté dans le Prince de les faire jouir de toute la latitude de la loi est le choix de celui qui posa les principes de la loi du 18 germinal et organisa les églises réformées et protestantes de l'Empire. « Ce travail était d'autant plus difficile, qu'il était nouveau; que l'on ne pouvait s'aider d'aucun point de comparaison, et qu'il fallait faire concorder l'ancienne organisation avec la nouvelle (1) ». M. *Portalis* fut puissamment secondé « par le jurisconsulte *F. Darbaud*, chef de division au ministère des cultes, qui depuis long-temps jouissait de toute sa confiance, et qui rend tous les jours des services signalés aux églises protestantes par son activité, son zèle, ses grandes lumières et son impartiale justice. Savant, modeste et sans ambition, digne d'occuper des places distinguées, M. *F. Darbaud* ne les recherche pas (2) ».

(1) *Annuaire*, par M. *Rabaut* jeune, pag. 8 — 1807.
(2) *Ibid.*

On doit fixer l'époque où les Protestans furent reconnus citoyens français à la promulgation de l'édit de 1787. Il est vrai que depuis les supplices de *Calas*, du ministre *Rochette* et des trois frères, qui eurent lieu à Toulouse en 1762, les proscriptions cessèrent dans presque toutes les provinces, cependant cette tolérance dépendait de la manière de voir des principaux dépositaires du pouvoir. Le prince de *Beauveau*, le comte de *Talleyrand-Périgord*, l'intendant *Balainvilliers*, adoucirent leur sort en Languedoc; ils correspondaient avec quelques pasteurs, entr'autres avec *P. Rabaut*, pasteur de l'église de Nîmes. En Dauphiné, les assemblées furent plus long-temps secrètes; en 1767, le parlement de Grenoble condamna à mort *Béranger* pour avoir prêché au *désert*. Dans le comté de Foix, le Périgord, l'Angoumois et la Saintonge, les Réformés cessèrent de s'y assembler. Ils furent plus mal traités en Normandie; ceux de Dieppe virent (1782) leurs oratoires de Lunérai et des communes environnantes fermées pendant trois mois; en mars 1788, M. *Mordant*, pasteur, fut décrété de prise-de-corps; son crime était d'avoir béni un mariage mixte, célébré chez le juge, d'après le vœu de l'édit de 1787.

Ils ne purent exercer leur culte dans les principautés de Sédan et de Raucourt qu'en 1778. Leurs assemblées furent dénoncées ; l'intendant de Metz calma l'orage et leur église ne s'organisa qu'en 1780.

Il serait pénible de citer tous les exemples qui attestent que cette tolérance était précaire ; si on adoucissait leur sort dans plusieurs villes, ils ne jouissaient dans aucune de leurs droits publics et civils. La jurisprudence était partout la même, parce qu'elle était basée partout sur des lois qui formaient au milieu de nous une minorité contribuant aux charges de l'Etat ; sans protection de sa part, inquiétée dans la jouissance de ses propriétés. Ecoutons *Rulhières*, il n'est que trop vrai :

« S'il existait depuis treize cents une nation devenue célèbre par tous les arts de la paix et de la guerre, dont les leçons et les exemples eussent policé la plus grande partie des peuples qui l'environnent, et qui offrît encore au monde entier le modèle des mœurs douces, des opinions modérées, des vertus sociales, de l'extrême civilisation ; si la vingtième partie de ses citoyens..., sans épouses, quoique mariés, sans héritiers, quoique pères ; s'ils ne pouvaient, sans profaner publiquement la re-

ligion du pays, ou sans désobéir ouvertement
aux lois, ni naître, ni se marier, ni vivre, ni
mourir, que dirions-nous de cette nation?....
Ne verrait-on pas une contradiction trop manifeste entre cette prétendue civilisation et
cette inconcevable barbarie?.... Plus d'un million de Français étaient privés en France du
droit de donner le nom et les prérogatives
d'épouses et d'enfans légitimes à ceux que la
loi naturelle, supérieure à toutes les institutions
civiles, ne cessait point de reconnaître : plus
d'un million de Français avaient perdu dans
leur patrie ce droit dont tous les hommes
jouissent dans les contrées sauvages comme
dans les pays policés; ce droit inséparable de
l'humanité, et qu'en France on ne refuse pas
à des malfaiteurs flétris par des condamna-
tions infamantes....

» Nous gémissons de l'état des Catholiques
en Angleterre, ils y sont malheureux; mais
leur race n'y est point flétrie : la haine angli-
cane contre le papisme n'a jamais été jusqu'à
infliger à toutes leurs familles les notes déso-
lantes de concubinage et de bâtardise ; leurs
enfans héritent de leurs biens : .... les dégoûts
qu'ils éprouvent dans leur patrie leur semblent-
ils intolérables, l'émigration leur est permise ;

les ports des trois royaumes leur sont ouverts.

» Toute l'Europe a reproché à l'Espagne l'expulsion des Maures ; ce fut en politique une faute irréparable : mais considérons-la du côté de la morale ; ne fut-elle pas bien moins injuste que l'oppression sous laquelle ont gémi les Calvinistes français ? Au temps de cette expulsion, les Maures éprouvaient en Espagne des rigueurs semblables à celles qu'ont éprouvées en France ceux qu'on nomma les *nouveaux Convertis*. Les inquisiteurs, qui les forçaient à déguiser leur religion, n'ignoraient pas qu'ils étaient Musulmans dans le cœur : ils persuadèrent à *Philippe III* que tous les liens devaient être rompus entre un monarque chrétien et de tels sujets. En les chassant des terres d'Espagne, on les priva des droits de citoyen ; mais on les affranchit du serment de fidélité ; on leur restitua (ce qu'ils préférèrent à tous les priviléges) leur *croyance* et leur liberté. Ainsi, le terrible tribunal de l'inquisition rendit à la loi naturelle un hommage qu'on ne lui a pas rendu en France ; il reconnut que si le Souverain s'arroge le pouvoir de contraindre ses sujets sur leur religion, les sujets ont le droit de choisir une autre patrie.

» Enfin, la ligue...., dans ses décrets de

sang contre les Réformés, publia qu'elle prenait les armes pour exterminer l'hérésie ; elle enjoignit à leurs ministres *de sortir du royaume dans un mois, et à tous les Français de professer la religion catholique dans six, ou de sortir de France à peine de confiscation de corps et de biens.* L'émigration leur était donc permise ; leur conscience restait libre ; la propriété de leurs biens leur était laissée ; leur sort était à leur choix : mais quand ils furent réduits à leur mort civile, on fit garder par des troupes nos frontières comme les portes d'une prison. Ceux qui furent pris dans leur fuite allèrent servir sur des galères avec les scélérats ; ceux qui échappèrent furent punis par la confiscation des biens qu'ils laissaient en France ; et, dans la crainte que cette confiscation ne fût éludée, on défendit à ceux même qui avaient embrassé le protestantisme de disposer de leurs biens, interdiction qui a duré près de cent années.

» Ce qu'ont apporté les Réformés français est un genre de persécution jusqu'à présent inconnu à l'histoire ; il eût déshonoré notre nation, il l'eût fait croire tout près de retomber dans la barbarie, si l'esprit public, toujours plus fort que les lois, si le sentiment d'honneur qui a formé en France les mœurs générales et qui a flétri la délation comme une lâcheté, n'eussent retenu dans l'inaction et le silence cette justice étroite..., toujours voisine de la suprême injustice.... »

M. *Rabaut-Saint-Etienne*, dans le *vieux Cévenol* ou *Aventures d'Ambroise*, suppose qu'une seule famille a été exposée aux fatales suites de cette législation, qui n'eut pour but que les abjurations forcées. Son gentilhomme *Ambroise* ne peut embrasser un état sans un certificat de catholicité; il n'entre dans la carrière militaire, qu'avec la certitude de ne pas avancer. Les parlemens, armés de lois injustes, annullaient les mariages bénis au *désert*, dès qu'ils étaient attaqués par d'avides collatéraux : on déclarait les femmes concubines, les enfans bâtards; les jurisconsultes (1) les plus célèbres déployaient en vain tout ce que l'éloquence et la raison inspirent dans de pareilles causes. L'autorité ouvrit enfin les yeux; MM. de *Malesherbes* et *Letonnelier de Bréteuil* osèrent répéter au pied du trône les vérités proclamées par M. *Portalis*;

(1) *Elie-Beaumont, Tronçon-Ducoudray, Mariette, Sudre, Loiseau-Mauléon, Troussel, Beaux-Maguilles, Grassier, Siméon, Pascalis* et *Pasery*.

l'éternelle reine du monde , l'opinion publique , se prononce ; le mémoire imprimé dans
l'ouvrage de *Rulhières* , prépare l'édit de
1787 ; M. *Rabaut-Saint-Etienne* fournit le tribut de ses veilles ; ses idées sont accueillies :
ce fut un phénomène que de voir un ministre
protestant proscrit par les lois et visité dans
un modeste hôtel garni par l'immortel *Malesherbes*.

Les Réformés accourent en foule chez les
juges pour faire enregistrer les mariages et les
naissances. Ce grand bienfait fut d'autant
mieux apprécié, que le besoin en avait été
mieux senti. Il restait beaucoup à faire. Les
Etats-généraux sont convoqués , un petit
nombre de Réformés fut nommé. Les décrets
de l'assemblée constituante et ceux des législa-
latures suivantes présentent le développe-
ment graduel des idées libérales.

Le 15 mai 1790, M. *Rabaut-Saint-Etienne*
est élu président de l'Assemblée nationale, en
remplacement de l'agent général du clergé,
l'abbé de *Montesquiou*. Ce choix qui honora
l'Assemblée et celui qui en fut l'objet, fut une
victoire sur les préjugés. Après s'être occupée
de la rentrée sur notre territoire des religionnai-
res fugitifs, l'Assemblée voulut assurer (17 août)

aux Protestans des confessions d'Augsbourg
et Helvétique, la jouissance des droits qui leur
avaient été conservés à l'époque de leur réunion à la France ; le moment n'était pas arrivé.

Sous la première législature, naquit la ré-
sistance du clergé romain ; une nuée de décrets ne put étouffer la division des prêtres *in-
sermentés* et des *assermentés*. La Convention
porta le mal à son comble par sa barbarie contre les réfractaires ; de-là la guerre de la Ven-
dée, *bientôt après* « la terreur dispersa les ber-
gers et les troupeaux de tous les cultes (1). »
Alors on vit pour la première fois dans l'histoire
du monde la loi inviter des citoyens à se déclarer infâmes : des autorités reçurent avec
bienveillance la déclaration des prêtres qui
reniaient leur caractère sacerdotal ; les monu-
mens de la religion , ceux des arts, se chan-
gèrent en ruines ; dans les temples régnè-
rent le silence et la désolation ; les mains san-
glantes de l'athée dépouillèrent ce sanctuaire
que l'hommage de tant de générations suc-
cessives eût suffi pour rendre sacré ; les pier-
res sépulcrales de nos familles furent désho-
rées, et d'infâmes courtisanes, promenées en

(1) *Annuaire ,* par M. *Rabaut* jeune, pag. 12.

triomphe, s'assirent sur le marbre des autels (1). »

L'art. 354 de la Constitution de l'an III
consacra la liberté des cultes ; la loi du 7 vendémiaire IV en organisa l'établissement. Les
pasteurs des Réformés firent célébrer leur
culte dans un petit nombre de temples ; ceux
qui ne purent s'en procurer, continuèrent le
service divin à la campagne ; enfin fut promul-
guée la loi du 18 germinal X.

M. *Portalis* fit au Conseil d'Etat et au Corps
législatif le rapport sur ce projet de loi ; les
motifs en furent développés avec l'éclat
qu'exigeait cette solennité.

Les églises réformées sont organisées, en
vertu d'une loi ; leurs pasteurs deviennent
fonctionnaires publics salariés par le Gouvernement et confirmés par le Prince dans leurs
charges; les consistoires sont proclamés admi-
nistrateurs des biens et des revenus de l'église,
des pauvres, des donations, fondations et
legs pieux; les synodes sont autorisés et régu-
larisés; la discipline ecclésiastique est mainte-
nue, et nul changement ne peut être fait sans
l'autorisation du Gouvernement. Des acadé-

____

(1) Disc. du Sénateur *Lucien* BONAPARTE.

mies et des séminaires sont accordés pour l'instruction de ceux qui se destinent au ministère ; au Conseil d'état sont portées les contestations qui peuvent s'élever dans les églises.

Les décrets impériaux sont le complément de la loi, et attestent la volonté constante du Prince de maintenir l'égalité entre tous les cultes; le costume des pasteurs est réglé ; ceux de Paris sont décorés de l'Aigle; la place des présidens de consistoires dans les cérémonies publiques est déterminée ; le traitement des pasteurs est réglé ; et les communes sont autorisées à leur accorder des supplémens ; les communes contribuent à la construction, réparation et entretien des temples et du culte. Pour éviter l'interruption du service divin, les pasteurs démissionnaires notifient leurs intentions six mois d'avance ; l'âge de la confirmation des pasteurs est fixé à 25 ans; sont réunies aux églises consistoriales les plus voisines, celles dont la population réformée est trop peu considérable pour les ériger en consistoriales. L'EMPEREUR accorde aux consistoires les édifices disponibles pour la célébration du culte ; il donne les terrains dont il peut disposer pour la construction des temples, ou en autorise l'acquisition et permet aux Réformés d'accepter les legs, fondations et donations. Ceux qui habitent les départemens réunis ou conquis, sont l'objet de la même sollicitude. A l'époque du couronnement, les présidens des consistoires, compris dans l'appel fait aux fonctionnaires publics, furent admis au pied du trône; ils eurent un digne interprète de leur gratitude dans M. *Martin*, président consistorial de Genève : l'histoire rappellera la réponse de Sa Majesté :

« Je vois avec plaisir rassemblés ici les pasteurs des églises réformées de France; je saisis avec empressement cette occasion de leur témoigner combien j'ai été satisfait de tout ce qu'on m'a rapporté de la fidélité et de la bonne conduite des pasteurs et des citoyens des différentes communions protestantes. Je veux bien que l'on sache que mon intention et ma ferme volonté sont de maintenir la liberté des cultes : *l'empire de la loi finit où commence l'empire indéfini de la conscience;* la loi ni le Prince ne peuvent rien contre cette liberté. Tels sont mes principes et ceux de la Nation; et si quelqu'un de ceux de ma race devant me succéder, oubliait le serment que j'ai prêté, et que, trompé par l'inspiration d'une fausse conscience, il vînt à le violer, je le voue à l'animadversion publique, et je vous autorise à lui donner le nom de *Néron* ».

M. *Portalis* a rempli les vues bienfaisantes du Prince, avec autant de zèle que d'impartialité. MM. *F. Darbaud, Maurice Giry, J. Jauffret, H. Châtillon, G.-H. Mignon, J. F. Champrigaud-Dumontel*, honorés de la confiance du Ministre pour l'exécution de la loi, s'en sont rendus dignes. *P. H. Marron*, président du consistoire de Paris et membre de la Légion d'honneur, a cédé à mes instances, en me communiquant le discours qu'il se proposait de prononcer aux obsèques; je le transcris malgré la défense d'un pasteur instruit, bienfaisant et modeste : « Au nom du consistoire de l'église réformée consistoriale du département de la Seine, au nom du protestantisme français, dont j'aime ici à me rendre l'organe, honneur et reconnaissance à la mémoire de celui dont le Panthéon reçoit les restes inanimés. Choisi par NAPOLÉON-LE-GRAND pour réorganiser, sous ses tutélaires auspices, le culte religieux lacéré par tant de discordes, pour y remettre en honneur le christianisme, en le fondant sur les bases trop long-temps méconnues d'une fraternité sainte et du véritable intérêt social, ennemi de toutes les institutions exclusives, il a bien mérité de la Religion et de la Patrie. Que la Religion et la Patrie immortalisent cet homme simple et bon, constant ami de l'ordre et du bien public, instruit à allier l'auguste ascendant de la raison aux charmes de l'éloquence la plus persuasive, et jaloux de consacrer tous ses talens au règne de la vérité, de la vertu, de la paix. Non, je ne serai point démenti en proclamant sur sa tombe la vénération et la gratitude que lui avaient vouées nos églises, en y exprimant, avec solennité leurs regrets. —

—M. *Rabaut-Pommier*, membre de la Légion d'honneur, et M. son frère, conseiller de préfecture au département de l'Escaut, m'ont procuré des renseignemens sur le Ministre ; les talens et les vertus héréditaires dans leur famille, les mettaient à même de le juger.

M. *Portalis*, élevé dans la fameuse congrégation, fondée par le cardinal de *Berulle*, ne dut rien précipiter, sur les débats qu'excite encore l'ouvrage d'un Oratorien célèbre. Placé par son éducation et la nature de son caractère entre l'opinion prononcée, qui condamne les *CI propositions* et la réserve de ceux qui appellent de tout jugement préalable au seul

5

qui puisse être définitif, celui d'un concile général, il présenta à l'EMPEREUR, avec la plus scrupuleuse impartialité, les ecclésiastiques de tous les ordres, qui avaient exercé le ministère pendant la révolution, et ceux qui ont cru devoir s'en abstenir. On l'a vu tenir une égale balance entre les ministres catholiques qui réprouvent les *CI propositions* extraites des *Réflexions morales* de *Quesnel*, et ceux qui les voient en tout ou en partie dans l'Ecriture et les Pères. Sa rare pénétration entrevoyait-elle la possibilité que le Souverain qui a formé tant de réunions imprévues convoquât celle entière du seul tribunal compétent en matière de foi? Cette compétence, basée sur l'enseignement non interrompu de la religion catholique-apostolique-romaine ne laisserait plus de doute. Une pareille assemblée ne pourrait qu'assurer le triomphe des antagonistes du livre des *Réflexions morales*, s'ils ont pour eux les véritables autorités qu'ils ne sauraient décliner sans paraître redouter une trop vive lumière. —

—Si M. *Portalis* vécut et mourut en Catholique, il n'appartint dans sa haute magistrature à aucune Religion; il fut et devait être Ministre de *tous* les Cultes

—Le Monarque, en admirant ces vastes lumières, cette pureté d'intention, cette sagesse, cette profondeur de pensées, cette grâce d'élocution, signala celui qui devait le seconder dans ses vastes desseins. Le Héros qui avait fermé les portes du temple de Mars, pouvait seul rouvrir celles des temples élevés au Dieu de nos pères. M. *Portalis* aide à relever ces autels, entourés aujourd'hui d'une Nation, qui dans l'enthousiasme de sa gratitude, joint ses vœux pour la conservation d'un Souverain chéri aux hymnes que la Divinité daigne exiger de son plus parfait ouvrage.

Homme d'état dans le conseil, au moment où tout était à recréer, où il fallait marcher d'un pas ferme à travers toutes les opinions ennemies, sur les ruines de l'esprit public et de nos institutions, NAPOLÉON conjure les orages, la France est réassise plus puissante sur ses antiques fondemens. Rien n'est heurté par la violence, improvisé par d'ambitieuses théories. « La sagesse présidait aux conseils du génie. Le temps était consulté ; la voix du passé criait : *malheur, expérience ;* la voix du présent : *secours et confiance ;* la voix de l'avenir : *gloire et prospérité.* (1) »

(1) *Journal des Curés,* ou *Mémorial de l'église Gallicane,* du 29 août 1807.

Celui qui , comme *César*, eut seul le privilége de dire : *ce que je dis, je le ferai*; avait juré d'être le restaurateur d'un grand empire , de ses lois, de sa Religion , de sa puissance et de son bonheur. Il appelle à cette périlleuse entreprise les personnages les plus distingués. M. *Portalis* eut la gloire méritée d'associer son nom à de si hautes destinées; alors il s'attacha non au plus fort, au plus puissant, mais au seul homme qui pouvait fermer l'abîme.—

—M. *Portalis* applaudit à une institution qui fait de l'honneur le véhicule et la récompense de tout ce qui est *utile* et par conséquent *grand*. Les actions d'éclat sont suffisamment signalées au Souverain , mais la bienfaisance se cache avec plus de précaution que le crime. Un Prince , qui fait tout mouvoir, se félicite du bien , sans souvent pouvoir en découvrir l'auteur ; il faut que les intermédiaires signalent à sa gratitude la vertu si ingénieuse à voiler ses bienfaits. M. *Portalis* demanda l'Aigle pour M. *Lepage*, curé de Maison-Alsfort, ex-chanoine de Reims et secrétaire-général du ci-devant ordre de Malte.

Depuis plusieurs années, des fièvres périodiques , occasionnées par la crue et la baisse

subite des eaux ravageaient les rives de la
Marne et de la Seine. Maison-Alsfor tcompte
chaque année plus de 200 malades. Son pasteur, qui unit aux connaissances et aux vertus de
son état la pratique de la médecine, prodiguait
et prodigue encore à ses voisins tous les genres
de secours. Les chaleurs excessives de 1806
multiplièrent les maladies d'une manière ef-
frayante; M. *Lepage* en avertit les Magistrats,
réclame des secours; sa voix est entendue; des
médicamens arrivent; son presbitère devient
la pharmacie du canton; les gens de l'art ont
ordre de se transporter au milieu de la conta-
gion; ils trouvent M. *Lepage*, traçant les or-
donnances, distribuant au loin les portions et
calmant le moral, dont l'influence est si dangereuse sur le physique; ils entendent le rapport sur la maladie et le traitement suivi, et
tout leur prouve qu'ils ne peuvent mieux faire
que de s'en rapporter au vénérable curé.

MM. *Portalis* et de *Champagny* rendent
compte au souverain... La guerre commande
la présence de celui qui en est l'arbitre; c'est
au moment où la foudre porte la mort dans les
rangs ennemis, que le Prince décore de la légion d'honneur celui que M. *Portalis* appelait
le médecin de l'ame et du corps. —

—Pour juger l'homme public, il faut le voir hors la scène, loin des regards; il faut lesurprendre avec lui-même.

Ne devais-je parler que de ses talens, que sont-ils souvent, sans une belle ame? Heureux qui le connut au sein de sa famille; respect, soumission, autorité, prévenances respectives obéissance, sollicitude, conseils, tout était amour.

Simple, naturel, n'exigeant rien, ne paraissant même pas soupçonner sa supériorité ; quelle leçon son ombre donne à ces importans, qui confondent la fatuité avec l'élévation d'ame et la satyre dont on leur fait grace avec un éloge tacite.—

—Vous tous, qui fûtes témoins de ses travaux, oublierez-vous avec quelle supériorité, orateur du Gouvernement à la tribune législative, il développa les motifs des lois qui forment ce code, qui va devenir le droit écrit de toutes les nations policées? Que de force! que de sagesse! que de lumières! l'éloquence, aux beaux jours de son triomphe, ne se montra jamais avec plus de candeur et de pompe! Qu'on le lût, qu'on l'écoutât, il commandait la même admiration! C'était *Montesquieu* dans le cabinet, *Cicéron* à la tribune.

Mon cœur m'égare-t-il, lorsque je me demande quel mortel, par des mœurs plus pures, plus douces, plus aimables, par une piété plus éclairée, par une tolérance plus digne de *Fénélon* et de *Las-Casas*, eût pu lui disputer le portefeuille ? Son esprit de conciliation fixa les incalculables bienfaits du Concordat.—

—Une commission est chargée de présenter un projet de Code civil ; M. *Portalis* concourt à ce grand travail ; il faut en justifier la rédaction au sein de la corporation la plus imposante ; il applaudit à la réforme de tout ce qui a pu échapper à sa sagacité, et soutient avec force et modestie tout ce qu'il croit juste ; ce Code eût suffi à l'éloge d'un autre.

— « LES lois qui garantissent nos droits et nos devoirs, ont besoin d'une sanction supérieure à l'homme. Ce « pacte social , qui unit les citoyens d'un même État, doit être assis sur une base plus solide que la poussière humaine, sur celle de ce pacte primitif, qui unit l'homme à la Divinité. C'est alors seulement que les lois civiles, malgré la fragibilité de leur terrestre origine, empruntent les qualités des lois éternelles. Où serait la chaîne hiérarchique d'un Empire, si le premier anneau était méconnu ? Le Prince n'est le magistrat suprême d'un Etat, que parce qu'il existe un magistrat éternel de l'Univers... Le Héros qui ne put se défendre d'être étonné de lui-même, nous rend, avec la liberté des consciences, le culte le plus ancien, le plus général du peuple français. Le Concordat, promulgué avant les lois civiles, cuvre majestueusement la source des prospérités publiques.... Il fallait un Ministre également éloigné de l'indifférence des religions et de l'intolérance des sectes, et qui réunît à toute la simplicité de la *foi*, toute l'impartialité de la *philosophie*. Grâce à M. *Portalis*, le CULTE CATHOLIQUE s'affermit et prospère. Ses pompes solennisent nos joies et adoucissent nos douleurs. Ce tronc révéré pousse de nouvelles racines. Il ne craint plus de tempêtes, et le plus léger souffle n'agite pas même le feuillage des branches qui s'en sont écartées (1) ».—

—Père, époux heureux, jouissant de tout ce qu'un homme moral peut desirer, le Ministre retrouva le courage du proscrit ; les larmes des siens ne purent lui en arracher. Il se condamne pendant plusieurs mois à des privations pénibles, et se soumet à une opération longue et douloureuse ; un bruit se répand qu'elle a réussi, et cette nouvelle fut une

(1). M. *C.* de *Jouques*, pag. 9 et 10.

fête publique. On ne desire que trop souvent ce qu'on peut rarement espérer ; bientôt l'affliction succéda à la joie d'une nation reconnaissante.

Il ne perdit point avec un sens le sentiment qui lui rendait si chers les objets qu'il ne pouvait plus qu'entendre et embrasser. Après une plus cruelle épreuve, il recouvra la vue ; bientôt il en fut privé ; un de ses amis cherchant à le consoler : *Le bonheur de l'homme*, lui répondit le sage, *est imparfait comme lui-même.... J'ai eu le tems de voir mes petits enfans.*

Lorsqu'il reprit ses fonctions ministérielles, même égalité d'humeur. NAPOLÉON-LE-GRAND adoucit ses malheurs, en lui témoignant que ses services avaient toujours le même prix à ses yeux. Jouissant de cette santé, qui est le prix des mœurs et d'une vie réglée, il lui fut permis d'envier l'avenir à ceux qui naissent et se promettent de longs jours. L'homme inutile ne surcharge que trop long-tems la terre. M. *Portalis* succombe au moment où allaient se réaliser les améliorations... Providence ! l'impie dit que c'est ton scandale, le Prince dira que c'est ton secret.

Le principe et les progrès de la maladei

n'avaient d'abord offert rien d'alarmant. Le 25 août , se sentant plus faible , il demanda les derniers sacremens , et mourut dans les bras de son pasteur qui les lui administrait.

Calme au milieu des sanglots, il a offert au ciel le sacrifice de soixante ans de vertus , dignes d'un meilleur siècle. Tous ont exprimé un regret, donné un éloge: Tous les étudians en Droit ont suivi sa pompe funèbre ; un bachelier (1), dont la conduite , l'étude opiniâtre et les dispositions donnent d'heureuses espérances, me disait : « Je ne croyais pas que les hommes célèbres fussent tant regrettés ; à la mort , on pardonne donc les vertus et les talens ? » Sa vie fut un bienfait pour la France , sa mort est une calamité publique. Ceux qui appartinrent à divers partis dans nos dissentions , ceux qui professent des cultes différens , tous le pleurent. S. M. a rendu hommage aux qualités qu'Elle récompensa ; sa grande ame regrette d'en être privée.

Ainsi va se confondre dans le gouffre qui nous attend tous, ce fantôme des grandeurs humaines. Quelque grands que soient les

______

(1) *J. A. A. Martin,* né à Marseille, le 23 octobre 1785.

souvenirs d'une gloire méritée, ils nous laissent avec nous-mêmes ; tous les genres de malheurs, et surtout la perte de nos proches, nous affaissent au moment où le coup éclate, mais ils transportent nos pensées dans une sphère plus élevée ; la sanction d'un Législateur équitable, nous garantit la récompense des hommes vertueux, dont souvent l'attitude à l'aspect effrayant de la mort, soulage notre faiblesse et ranime nos espérances. M. *Portalis*, résigné comme ce roi d'Israël, dont l'Ecriture célèbre le grand caractère, a entendu sonner sa dernière heure avec la *sérénité du juste*. Si, à ce moment fatal, il a pu songer à la terre, sa main aura béni une famille digne de son estime et de sa plus tendre affection ; deux fils, dont la patrie attend les mêmes vertus et qui promettent les mêmes talens.

Supplément à la page 6.

On connaît de M. *Laujon* (né à Paris en 1727) un grand nombre de chansons agréables, et qui rivalisent avec celles de *Favart*, de *Collé* et de *Panard*, avec lesquels il travailla souvent en société. Il avait «si bien saisi leur manière, que, dans le genre de chacun d'eux, son nom peut être placé à côté du leur. Aujourd'hui, il conserve ce talent tel qu'il l'eut dans sa jeunesse. Il a la même facilité, le même enjouement ; il est chansonnier dans le même sens que Mme de *La Sablière* attachait au nom de *Fablier*, qu'elle donnait à *La Fontaine*. Ce talent que *Boileau* n'a pas dédaigné de caractériser dans son Art poétique, en parlant du Vaudeville,

> Agréable indiscret, qui conduit par le chant,
> Passe de bouche en bouche, et s'accroît en marchant ;

ce talent n'est pas le seul qui ait distingué M. *Laujon* dans la meilleure compagnie, où il a toujours été très-recherché, sans qu'il ait jamais employé sa faveur qu'à obliger tout le monde.

Lorsque les Graces étaient encore de mode sur notre scène lyrique, et qu'elle n'avait pas abandonné son véritable domaine, c'est-à-dire les fictions d'*Ovide*, de l'*Arioste* et du *Tasse*, et le merveilleux que lui prêtaient ces fictions charmantes, pour se faire une triste ressource de nos plus belles tragédies, qu'elle avilit en les dénaturant ; lorsqu'une pastorale ingénieuse pouvait encore y être admise, de l'aveu de *Polymnie*, qui ne s'attendait guère à voir un jour parodier sur son théâtre les accens de *Melpomène*, l'auteur d'*Eglé*, de *Daphnis et de Chloé*, de *Sylvie*, d'*Ismène* et *Ismémas*, avait joui long-tems à ce même théâtre des succès les plus brillans. Nous nous rappelons le concours prodigieux de spectateurs qu'attiraient les deux premières pièces que nous venons de citer, les nombreuses représentations qu'elles eurent, et les applaudissemens qu'elles méritaient. Ce genre délicat et gracieux n'était point alors traité de fadeur; ces pièces plaisaient sur la scène; elles étaient lues (1); ce qui n'arrive guère aux opéra de nos jours (2).

(1) On les lisait, parce que la musique du tems n'ajoutait qu'un faible mérite à l'agrément des paroles. Si l'on en excepte *Lagarde*, qui a laissé de jolis duo que l'on chante encore, et qui fit la musique d'*Eglé*, M. *Laujon* ne fut que médiocrement secondé par ses musiciens. Il l'a été beaucoup mieux de nos jours par le célèbre *Champein*, à qui l'on doit les airs charmans de la *Mélomanie*, et à qui M. *Laujon* confia son *Poète supposé*, bagatelle agréable qui eut beaucoup de succès. (N. de M. *Palissot*.)

(2) Il en est qu'il faut excepter : la *Mort d'Adam*, par exemple, imitée de *Klopstock*, par M. *Guillard*. La vive impression que nous fit cette pièce, à la seule lecture, nous est encore présente. Quel charme n'y eût pas ajouté la belle musique de M. *Le Sueur!* .... La même exception s'applique au poète lyrique, qui, dans

M. *Laujon*, auteur de ces jolis ouvrages, a donné au théâtre, qu'on appelait Italien, plusieurs pièces d'un autre genre, qui n'ont pas moins réussi, et parmi lesquelles on doit distinguer l'*Amoureux de Quinze ans*, comédie agréable, un peu imitée de la *Magie de l'Amour* d'*Antereau*, mais plus délicatement traitée, et qui fut très-applaudie pendant une longue suite de représentations.

» Sa petite comédie du *Couvent*, représentée avec succès, nous paraît d'un genre à-peuprès semblable aux petites pièces du théâtre d'Education de Mme. de *Genlis*, et nous confirme dans l'opinion où nous sommes, que quelques-unes de ces pièces pourraient obtenir le même accueil. On voit que M. *Laujon* a réuni plusieurs mérites. *Marmontel* disait de lui qu'*en badinant il était fait pour donner des leçons dans l'art d'observer les convenances les plus délicates* : talent qui suppose une justesse d'esprit peu commune, et une

une réponse pleine de sel et de graces, a couvert de confusion le *Zoïle* grossier, qui lui reprochait témérairement d'avoir dénaturé le caractère de l'empereur *Adrien*, en lui attribuant, d'après le témoignage unanime de l'histoire, une bravoure et des talens militaires que l'ignorant *Zoïle* s'obstinait à lui contester.

finesse de sentiment et de goût non moins rare (1) ».

M. *Laujon* donna (1777) au Théâtre Français, une pièce dont le judicieux *Palissot* porta le jugement le plus favorable. L'*Inconséquent* était son véritable titre ; jouée par le conseil de *Préville*, sous celui des *Cinq Soubrettes*, qu'il crut piquant par sa singularité, et que l'auteur de la *Dunciade* n'approuvait pas ; le public, à qui ce titre ne promettait qu'une comédie d'intrigue, trompé dans l'idée qu'il en avait conçue, ne donna pas à l'ouvrage l'attention qu'il eût donnée à une pièce dont le titre lui eût annoncé une comédie de caractère. *Crébillon* le fils et *Collé*, à qui M. *Laujon* avait lu plusieurs fois cette pièce, et qui en pensaient aussi favorablement que M. *Palissot*, n'aperçurent qu'à la représentation l'inconvénient de ce titre, substitué à celui que devait porter l'ouvrage, et qui en eût décidé le genre. Tous les littérateurs pensent, avec M. *Palissot*, que si on lui rendait le titre de l'*Inconséquent*, elle ferait beaucoup d'honneur à celui « que la pureté de *Térence* carac-

____

(1) Mémoires pour servir à l'Histoire de notre littérature, depuis *François Ier.* jusqu'à nos jours, par M. *Palissot.* — 1803.

térise, et que le sel âcre d'*Aristophane* ne déshonora jamais (1) ». —

—Constamment livré à de hautes pensées, M. *Portalis* ne connut point le sentiment pénible de la jalousie ; il répétait souvent : « Le créateur du Code civil est le PREMIER CONSUL ; j'ai moins contribué à ce grand travail, que le Consul *Cambacérès*, MM. *Malleville*, *Bigot-Préameneu*, *Boulay* et *Treilhard* ».

L'élévation méritée de M. *Collet-Descotils* à la place de Procureur-général, en remplacement de M. *Portalis*, rassura le Conseil des Prises et les justiciables. Le Conseil d'Etat lui offrait un plus vaste théâtre, et un genre de travail plus analogue à ses connaissances acquises. L'honneur de coopérer plus intimement à l'exécution de vastes desseins, ne parut point à l'homme modeste une récompense de ses travaux, mais « un engagement envers le Prince, pour le servir plus puissamment encore. »—

—Si NAPOLÉON jugea la force de M. *Portalis*, le ministre calcula la profondeur du génie du Prince ; il disait à l'archiviste *Camus* : « Il semble que la nature ait voulu offrir l'empire de la mer à la France, par l'avantageuse si-

(1) Rép. de l'Académie française à *B. J. Saurin*.

tuation de ses deux côtes, également pourvues de bons ports aux deux mers, Océane et Méditerranée (1)...« Ce que le cardinal disait sous le faible *Louis XIII*, nous pouvons le répéter sous un homme incapable de provoquer une révolution en Angleterre, mais dont les armes intercepteront le commerce d'une île aride et jalouse ; toutes les puissances vont rechercher notre alliance, et ce grand pacte signé, le ministère anglais, chassé par la nation, entraînera dans sa fuite la chute d'un trône, dédaigné par ceux même qui ont le plus grand intérêt à son maintien. Invincible, le PREMIER CONSUL punira, par la guerre, les ministres qui la veulent, et un jour les Anglais lui diront :

> Tu soumis l'Orient ; et l'aigle des Germains
> Crut voir à Marengo l'aigle des vieux Romains.
>
> . . . .
>
> Par le bien que tu fais tu mesures le tems :
> *Titus* perdit un jour : tu ne perds point d'instans (2). »

—Lorsque l'Académie de Législation fit placer dans la salle de ses séances le portrait de NAPOLÉON, M. *Portalis* demanda le premier

(1) Test. pol. du Card. *Vignerod de Richelieu*, fol. 122.

(2) Dédicace des *Fastes* d'Ovide, par *Saint-Ange*

qu'on gravât au bas ce distique de M. *Perreau,* inspecteur des Ecoles de droit :

Imperium accepit, nostro devictus amore ,
Juribus ut nostris, redderet imperium.

— M. *Portalis* répétait, avec un ancien : *Il est beau d'être né de soi-même*, de « ne devoir sa renommée qu'à l'impatience de l'obscurité qu'éprouve l'homme destiné à de grandes choses.

— En apprenant la mort du général d'*Hautpoul*, il dit : « *Bayard* l'eût aimé ; l'EMPEREUR le regrettera ; il eût dédaigné la gloire même, si elle pouvait être le prix d'une action désavouée par la vertu.... M. de *Caulincourt* ne se consolera de cette perte qu'en servant de père au fils de celui dont il mérita d'être le meilleur ami». Le grand Ecuyer de France a considéré les dernières prières de d'*Hautpoul* comme des ordres qu'il était doux et glorieux d'exécuter.

—On lisait à M. *Portalis* un prospectus emphatique de je ne sais quelle pension des environs de Paris.—« Envoyez à cette institutrice le *Traité* des *Etudes* du bon *Rollin* ; Mme. *Campan* ne fait point distribuer d'affiches ; ses élèves la recommandent ».

— Il s'est fait lire plusieurs fois le discours

prononcé par M. *Fontanes*, le jour du dépôt de l'épée de *Frédéric-le-Grand* dans le temple de Mars. *C'est*, disait-il, *un chef d'œuvre de sagesse, de diction et de convenances.*

—Riche de l'admiration universelle, plus riche du témoignage d'une conscience qui lui disait : tu fais tout le bien dont le ciel t'offre l'occasion pour récompense, il prévoyait (16 mai 1787) une révolution dont les symptômes ne s'étaient pas encore manisfestés en Provence, lorsqu'il écrivait à un homme qui « périt avec l'épée de *Caton*, pour une aussi belle cause, et par un suicide aussi légitime » : votre.... a eu raison de dire qu'un *mouvement, suivi d'un mouvement contraire, pulvériserait le tout* ; il faut temporiser ; l'émigration serait une folie ; on ne se bat ni contre sa mère ni contre sa patrie ; depuis long-tems des pygmées s'intitulent les précepteurs des Rois, il faut qu'ils renoncent à ce titre usurpé, que le Peuple s'occupe dans les chantiers, les ateliers et les manufactures et qu'il dédaigne les charlatans qui ne l'entretiennent que de brillantes chimères. »

—Lorsque se manifesta la grande maladie politique, elle prit un caractère propre à agiter une ame aimante ; il écrivit à *S. Bailly :* » c'est *à la saine partie de* l'assemblée constituante à conduire le navire au milieu des écueils et aux sages à préparer dans le silence les oracles que doit rendre la représentation la plus imposante que les hommes civilisés aient pu se donner. »

—Il se distingua par une éloquence noble, touchante, forte, persuasive. Porté sur le premier théâtre de France, par les vagues de la révolution, si, à cette trop fatale époque, le génie et le courage d'un seul eussent pu sauver la Patrie, que de larmes il nous eût épargné ! « Les discordes civiles, disait-il, nous ont rendu l'énergie ; elles prépareraient un beau jour, *s'il se rencontrait un grand homme* ».—

—Proscrit, il subit, avec une fermeté stoïque, un exil honorable ; dans une terre étrangère, on lui paya un juste tribut d'admiration ; les regards péniblement fixés sur sa patrie, une idée le consolait, la tendresse de sa famille, l'inébranlable attachement de ses anciens amis et la sollicitude de ceux que la douceur de son commerce lui ménagea. « Je ne serais pas fâché, disait-il, d'avoir connu le malheur, s'il eût coûté moins de larmes à ceux que j'aime ».—

Le Ministre auquel fut confiée la restauration des plus salutaires institutions, nous a été subitement ravi. Fort des volontés du Souverain pour le rétablissement de la paix intérieure, l'extinction des haines religieuses, tous *le pleurèrent...*, *et dirent : comment est mort...*, *celui qui* (1) fut trop utile aux hommes, pour ne pas mériter un regard de l'Éternel.

—M. *Portalis*, en mourant, a manifesté à M. le président *Séguier*, ses regrets de n'avoir pu mettre la dernière main à son grand travail sur les religions; M. *Raynouard* m'a fait l'honneur de me dire, chez son collègue M. *Bernardin de S. Pierre*, que cet ouvrage était imprimé.

—Dans son cabinet, le Jurisconsulte est Juge de première instance ; il trahit son serment, s'il prostitue ses talens au succès d'une cause injuste ; son crime serait plus grand encore, s'il capitulait avec ses principes, lorsqu'il a l'honneur d'être le patron du faible contre le riche. M. d'*Armantières-Conflans*, avait gagné un procès considérable contre son proche parent, M. *Vassault - de - Vareille*, lieutenant de Roi à Metz. M. de *Vareille*, par tran-

(1) Fleverunt eum.... et dixerunt : quomodo cecidit... qui... I. Mach. 9.

6 *

saction sur procès , était tenu de payer an-
nuellement 3,400 liv. aux représentans d'un
régisseur de la maison d'*Armentières* ; MM.
de *Vareille* et de *Conflans* , croyaient être
libérés ; M. *Portalis* soutenait l'erreur invo-
lontaire de ses cliens ; dans la chaleur de la
plaidoirie , son procureur lui communique la
pièce qui constate qu'ils n'ont rien payé ; M.
Portalis s'arrête et lit le titre qui garantit le
triomphe de deux orphelins. Exemple mémorable imité par *Bonnières*, en présence du
roi de Suède , lorsque dans une audience
solennelle de la grand - chambre , il aban-
donna la cause d'un Fils de France contre M.
S. *Simon-de-Courtomer*, défendu par *Dandasne*. M. le premier président d'*Aligre* , qui
cherchait toutes les occasions de donner de
l'éclat à une profession, aujourd'hui si voisine
de la magistrature , adressa publiquement ces
mémorables paroles à *Bonnières* : « si vous
pouviez être remplacé à cette barre , la Cour
desirerait vous voir sur ces sièges ; votre courage vous place , avec *Portalis* , dans le cœur
de tous les Magistrats. »—
—Son nom s'attache à de grands souvenirs, à
un règne à jamais mémorable; il ne doit point
craindre l'œil de ce juge intègre des rangs , la

postérité ; c'est elle qui répare l'oubli des contemporains. Élocution facile, imagination bril-
lante, inépuisable fécondité, érudition qui ré-
pondait à tout, mémoire qui suppléait au premier des sens. M. *Portalis* effaca *Vergniaud*
et l'ainé des *Mirabeau* ; à quelle distance il les
laisserait, si nous parlions de l'usage différent
de leurs rares talens. Si Aix s'enorgueillit encore
des lumières du Jurisconsulte , de la loyauté et de l'esprit de conciliation de l'arbitre ,
de la dialectique serrée du plaidant ; les
hommes d'État prendront pour modèles ses
oraisons enrichies de beautés vraies , fortes
de sens , d'une politique sage , d'un patrio-
tisme éloigné de tous les extrêmes. « Le plus
beau discours , disait-il , ne vaut pas une
bonne action ; les seuls admirables sont ceux
qui rendent les hommes plus heureux et
meilleurs. »—

—A l'aspect de son urne, ne rappelons que ses
vertus. Que d'exemples salutaires il offrit à
sa famille , dont il était si tendrement chéri !
Que de maximes pures et fécondes éclairèrent
la jeunesse de ses deux fils ! Que de courage, en
soutenant les droits de la justice ! Avec quelle
bonté il allait au devant des demandes qui lui
ménageaient le délicieux plaisir d'être utile !

Tout ce qui est honnête était dans son cœur.
Qui peindra l'homme privé, indulgent, sensible, l'époux tendre, le bon père, le bon ami,
le bon maître, le stoïcisme dans le revers, la
modestie dans l'élevation, la résignation dans
la cécité, la probité au sein de l'intrigue, la
pureté des mœurs dans un siècle gangréné et
et au milieu de ce rare et imposant cortége une
perte irréparable ? Dans cette source de nos
regrets, que de motifs de consolation ! *Tous
ensemble, en quelque degré de la confiance
qu'il nous ait reçus, environnons son tom-
beau, versons des larmes... Conservons le
souvenir d'un homme parfait dont la bonté
avait égalé le génie.* (1) —

— Après l'organisation des Droits réunis,
un de ses amis lui dit : « N'êtes-vous pas sur-
pris que sur mille concurrens, on ne connaisse
pas même ceux qui peuvent avoir des espérances » ? « Le PREMIER CONSUL, répond
M. *Portalis*, ne nomme point les gens à pé-
titions apostillées ; MM. Français, Gamot,
Moustelon, Ducrest-Villeneuve, Delarue,
Collin fils, Mathieu, Defosse, Darlon et
Milanges, une fois nommés, on leur asso-
ciera les sujets qui méritent d'être leurs colla-

____

(1) Bossuet, or. f. du grand *Condé.*

borateurs..... Il faut des hommes probes ,
instruits et qui aient l'art difficile de se faire
aimer, quoiqu'ils exigent des impôts. »—
— Le Jurisconsulte D............ m'as-
sure « qu'un littérateur distingué compose
l'Eloge de M. *Portalis* » ; son nom est le
secret de mon respectable collègue ; j'ai réuni
des matériaux ; une main plus habile élevera
l'édifice. Les *Annales nécronologiques de la
Légion d'honneur*, par M. J. *Lavallée*, per-
pétueront la mémoire du Ministre ; cet écri-
vain en a pris l'engagement formel, lorsqu'il
a dit dans cet ouvrage, digne de sa réputation , de la grandeur de ceux qui en sont l'objet et du Prince auquel il est dédié : « Notre
respect pour les morts illustres à qui nous
consacrons ce travail, nous commande de le
poursuivre... Combien d'hommes célèbres
dans tousles genres ne nous reste-t-il pas encore à rappeler à la vénération publique ! et
Léopold Berthier , et d'*Hautpoul*, et *Boisgelin*, et *Le Brun* et *Portalis* , et les *Lacuée*
et les de *Billi*..., mériterons-nous le reproche
de les avoir passés sous silence ? Mais le respect pour la vérité prescrit impérieusement
une utile lenteur. » M. de LACÉPÈDE , Grand-
Chancelier de la Légion d'honneur, dont les

vastes connaissances , l'enthousiasme pour tout ce qui est utile et l'affabilité rapprochent les distances , a mis tous les *mémoires authentiques* à la disposition de l'auteur, qui doit croire qu'on trouvera l'Orateur et le Français dans un livre qui sera le chartrier de toutes les familles qui ont l'honneur d'appartenir à un Légionnaire. Les talens de M. d'*Almaric* et son respect pour la mémoire d'un Ministre qui l'aimait, le mettront à même de donner à son collègue de précieux renseignemens sur M. *Portalis*.

— Plusieurs conclusions de M. *Portalis* au Conseil des Prises ont été traduites en Italien et en Anglais par M. *L. Valetty*.

— Lorsque je lui soumis l'analyse des *Lois pénales*, par....., il daigna me dire : « Je voudrais apercevoir dans ce vestibule l'analyse du discours de M. *Pierret*, prononcé le 5 vendémiaire an IX; celle de l'ouvrage dans lequel M. *Rœderer* prouve que *le travail est une institution*; MM. de *Pastorel*, *Bexon*, *Canard* et *Bourguignon*, ont eu des idées neuves, lumineuses; ce que vous pouvez tirer de leurs livres, ne pourra que décorer le monument que vous élevez à la gloire d'un infortuné, qui m'aimait et que nous regrettons tous. » —

— On lui parlait des *Réflexions morales sur les délits :* « Il était difficile, dit-il, de parler après *Montesquieu*, ..., *Beccaria, Dupaty* et *Baudin*; il fallait préciser ce que réclament l'*humanité* et la *sûreté des hommes réunis ;* c'est le problême qu'a résolu M. *Delacroix.* »

—Il aimait à s'entretenir de la protection spéciale dont LL. MM. et LL. AA. II. MADAME, mère de L'EMPEREUR, la GRANDE-DUCHESSE DE BERG, la PRINCESSE DE PIOMBINO, et S. A. S. L'ARCHI-CHANCELIER, honorent les filles de *S. Vincent* de *Paul. Voltaire* a dit : « Peut-être n'est-il rien de plus grand sur la terre, que le sacrifice que fait un sexe délicat de la beauté et de la jeunesse , souvent de la haute naissance, pour soulager dans les hôpitaux ce ramas de toutes les misères, dont la vue est si humiliante pour l'orgueil humain, si révoltante pour notre délicatesse (1) ». M. *Portalis* desirait qu'on gravât

____

(1) Essai sur l'Hist. génér., chap. 118.

ces vers sur le frontispice du grand hôpital
projeté dans l'Ile des Cygnes :

> La charité voulut qu'un sexe faible et doux,
> De ses sens délicats surmontant les dégoûts,
> Souvent même échappé des bras de la mollesse,
> Des pompes de la cour, des jeux de la jeunesse,
> Vînt s'asseoir près du lit de l'humble pauvreté.
> Servi par la grandeur, soigné par la beauté,
> Le pauvre a béni Dieu des vertus qu'il inspire,
> Et que seul peut payer le ciel qui les admire.

Paris, 26 octobre 1807.

★★★.